W0300374

STARK GEGEN KREBS!

All denjenigen gewidmet, die sich für eine nachhaltige, gesunde und genussvolle Ernährung einsetzen.

PROF. DR. VOLKMAR NÜSSLER

STARK GEGEN KREBS!

Wie Sie mit der richtigen Ernährung vorbeugen, die Heilung unterstützen und neue Kraft schöpfen

WESTEND

INHALT

„DER MENSCH IST, WAS ER ISST."

Im Jahr 1862 schrieb der bayrische Philosoph Ludwig Feuerbach den berühmten, in die Ideengeschichte eingegangenen Satz: „Der Mensch ist, was er isst." In jüngster Zeit wurde dieser Satz neu entdeckt und interpretiert, heute ist er aktueller denn je.

Der Religionskritiker Feuerbach wollte seinerzeit damit ausdrücken, dass der Dualismus zwischen Seele und Körper überwunden werden muss. Heute stellt der Satz einen wichtigen Denkanstoß für jeden dar, der das Thema „Essen" in vertiefter und bewusster Weise behandeln will. Die Wahl unserer Nahrungsmittel hat nämlich nicht nur Auswirkungen auf Ernährung und Gesundheit, sondern auch auf Umwelt, Kultur, Wirtschaft, Technologie, Gesellschaft und unser gesamtes Miteinander.

Wir verspüren heutzutage wieder ein starkes Bedürfnis nach bewussten Entscheidungen und Wahlmöglichkeiten, was unsere Ernährung betrifft, denn dadurch definieren wir uns – sowohl in Bezug auf unser körperliches Wohl und unsere Gesundheit als auch auf eine harmonische Beziehung zu unserer Umgebung und allen Gliedern der Nahrungskette, aber auch, was Genuss und Geselligkeit anbelangt.

Ein bewusster und aufmerksamer Umgang mit den Lebensmitteln, die wir verwenden, bedeutet nämlich keineswegs, auf Genuss zu verzichten, und dieses Thema steht in dem vorliegenden Buch zu Recht im Mittelpunkt; wie die Gesundheit ist auch der Genuss ein Grundrecht aller Menschen, das wir einfordern sollten ohne Angst, als frivol oder oberflächlich zu gelten. Im Gegenteil: Glück, Freude und Harmonie müssen die Grundlage bilden für eine Zukunft, die eine Menge Herausforderungen an uns stellen wird. Große Aufgaben erwarten uns in einer Welt, die immer mehr vernetzt sein wird und zugleich die Menschen immer mehr trennt und loslöst.

Das Essen – von der Produktion bis zum Verzehr – ist ein komplexes Gebiet mit unendlich vielen Querverbindungen zwischen den einzelnen Disziplinen, von denen jede wiederum ein Teil verschiedener ökologischer und kultureller Systeme ist. Diese Komplexität sollten wir jedoch nicht fürchten, sie sollte vielmehr unser Bewusstsein dafür schärfen, wie unabdinglich persönliche und kollektive Prinzipien der Nachhaltigkeit sind, damit wir ein gesundes, genussvolles Leben führen können, ohne die nachfolgenden Generationen zu schädigen.

CARLO PETRINI
(Slow Food-Gründer)

ZURÜCK ZUR URSPRÜNGLICHKEIT

Für eine gute und gesunde Ernährung benötigt man keine mathematischen Formeln, dennoch ist es leider so: Viele von uns kennen kaum noch den ursprünglichen Geschmack von Lebensmitteln. Verwirrt durch Aromastoffe und Geschmacksverstärker ist die in jedem Menschen angelegte Befähigung, differenziert zu schmecken und wahrzunehmen, stark reduziert. Um die Schulung des Geschmacks ist es nicht nur bei Kindern kläglich bestellt. Obst aus der Dose schmeckt Groß und Klein oft besser als die schönen Früchte direkt vom Baum. Warum nur?

Entwicklungsgeschichtlich betrachtet ist der Geschmackssinn nichts anderes als ein Wächter am Eingang unseres Verdauungstraktes. Signalisiert er Gefahr, weil uns etwas widerstrebt oder einfach nicht schmeckt, sollte die Schleuse nicht passiert werden. Eine wunderbare Grundvoraussetzung für unsere Ernährung! Jedoch müssen wir feststellen: Weil das meiste, was wir zum Essen kaufen, schon vorgefertigt ist, wird die wahre Identität von Lebensmitteln oft nicht mehr erkannt. Wir haben die direkte und originäre Beziehung zur Herkunft unserer Lebensmittel verloren. In unserem Erleben gleicht der Erwerb von Lebensmitteln häufig dem Kauf von Gegenständen des täglichen Gebrauchs. Wir verlieren zunehmend die emotionale Beziehung zum Essen, weil es gar nichts Besonderes mehr zu sein scheint. Und wir bringen nicht mehr den nötigen Respekt für die Natur auf. Doch nur wer den Wert eines handwerklich gefertigten – und im besten Fall im Holzofen gebackenen – Brotes, eines frisch geernteten Freilandgemüses oder eines Stücks von einem artgerecht gehaltenen Tier zu schätzen weiß, nur wer gelernt hat, zu riechen und zu schmecken, und nur wer gut informiert ist, wird sich ganz bewusst für bestimmte Lebensmittel entscheiden und vor allem regionale und saisonale Erzeugnisse wählen.

Ganz entscheidend wäre auch, dass Familien wieder regelmäßig gemeinsam essen. Zumindest das Mittagessen am Sonntag könnte beispielsweise zur verbindlichen Zusammenkunft erklärt werden. Die Devise könnte lauten: rein in die kulinarische Geborgenheit, wie wir sie hoffentlich bei unseren Müttern und Großmüttern erfahren haben! Wenn wir früher etwas Zeit mit ihnen in der Küche verbracht haben, können wir den Geschmack der frisch gekochten, gerade auch einfachen Gerichte oder den Geruch frischen Brotes einfach nicht vergessen. So ist eine elementare Zutat für ein gutes Gericht natürlich die Liebe, mit der es zubereitet wird. Sie zeigt sich darin, dass auch einfachen Arbeiten wie dem Schälen, Schneiden und Rühren allergrößte Aufmerksamkeit geschenkt wird. Das geduldige Rühren ist zum Beispiel für ein cremiges und dennoch bissfestes Risotto unabdinglich. So ist gutes Essen transformierte Liebe, baut gleichzeitig viel Wissen über kulturelle Zusammenhänge auf und führt zu einem geradezu selbstverständlichen Respekt vor der Natur und Kreatur.

Das ist und war unsere Motivation, das Projekt von Professor Volkmar Nüssler zu unterstützen. Denn genau diesen Ansatz hat er mit der von uns gemeinsam entwickelten App und diesem Buch umgesetzt. Er versucht, in engagierter Weise diese einfachen, jedoch wichtigen Empfehlungen für die Patienten, aber auch für gesunde Menschen umzusetzen. Wir wünschen diesem Projekt eine breite Akzeptanz.

ECKART WITZIGMANN

Jahrhundertkoch
(Für den Verein Food & Health)

OTTO GEISEL

(Für den Verein Food & Health)

EINLEITUNG

Die Motivation, dieses Buch zu schreiben und unsere Koch-App zu entwickeln, waren die vielen Patientengespräche, die immer die gleichen Fragen aufwarfen: Was können wir aktiv tun, um unseren Heilungsprozess zu unterstützen? Da gibt es mindestens zwei klare Empfehlungen: Ernähren Sie sich gesund und bewegen Sie sich entsprechend Ihrer individuellen Lebenssituation!

Mit diesem Buch und der dazugehörigen App (HealthFood) vertiefen wir ganz pragmatisch das Thema „Ernährung" und geben eine Anregung, auch die Bewegung in das neue Lebenskonzept einzubauen. Es besteht natürlich kein Zweifel darüber, dass sich erkrankte Menschen genauso ernähren sollten wie Gesunde – vor allem vielseitig und ausgewogen. Damit ist klar, dass die empfohlenen Rezepte für Gesunde genauso geeignet sind und zugleich der Prävention von Krebserkrankungen dienen. Schwerpunkte unserer Empfehlungen sind die Prävention und die sogenannte Sekundärprävention – mit anderen Worten: Sie sollen dazu dienen, Tumorerkrankungen zu verhindern oder, wenn der Tumor erfolgreich behandelt wurde, nach Möglichkeit ein Rezidiv (Rückfall) zu vermeiden. Die Rezepte sollen auch dazu dienen, Ihnen in der schweren Phase der Behandlung das Essen im wahrsten Sinne des Wortes wieder schmackhaft zu machen. In dieser Zeit sind es natürlich oft die Angehörigen, die gefordert sind, das Kochen zu übernehmen.

Die Prävention von Krebs ist eine der großen gesundheitspolitischen Herausforderungen unserer Zeit. Es ist mittlerweile erwiesen, dass eine gesunde Ernährung, körperliche Aktivität und eine reduzierte Körperfettmasse das Krebsrisiko verringern können. Laut dem World Cancer Research Fund (WCRF) könnten bis zu 30 % aller Krebserkrankungen durch eine gesunde Lebens- und Ernährungsweise verhindert werden. Es gibt zudem Schätzungen von Wissenschaftlern, dass Darmkrebserkrankungen bis zu 50 % zurückgehen könnten, wenn die Menschen eine krebshemmende Kost zu sich nehmen würden. Andere Studien weisen darauf hin, dass sich die Heilungschancen derjenigen, die bereits an Krebs erkrankt sind, durch diese Art der Ernährung verbessern können.

Wissenschaftliche Daten zeigen, dass nur ein kleinerer Teil der Krebserkrankungen erblich ist. Bedeutsamer sind Umweltfaktoren, die in vielen Fällen steuerbar sind. Dazu zählen zum Beispiel Rauchen, Infektionskrankheiten, ionisierende Strahlung, Industrieabfälle, Umweltverschmutzungen, Arzneimittel und vielerlei Aspekte der Ernährung, der körperlichen Aktivität und der Körperfettmasse. Allerdings muss gesagt werden, dass keine Studie oder Studienart beweisen kann, dass ein einzelner Faktor die ausschließliche Ursache für oder den absoluten Schutz gegen eine Krankheit darstellt (WCRF-Report 2007).

Wir wollen Ihnen mit diesem Buch eine Idee geben, wie Sie einen nachhaltigen Weg finden können, sich gesund, aber natürlich auch mit Genuss zu ernähren.

Gesunde Ernährung beginnt nicht beim Verzehr von Lebensmitteln. Gesunde Ernährung beginnt mit der Frage, wo und wie Lebensmittel produziert und verarbeitet werden. Und sie beginnt auch beim Begriff der Nachhaltigkeit. Das meint eine Ernährungskultur, die Genuss mit Verantwortungsgefühl und einem guten Gewissen verbindet. Frei nach dem Leitgedanken: die heutigen Bedürfnisse befriedigen, ohne die Befriedigung der Bedürfnisse kommender Generationen zu gefährden. Im Kapitel „Die Kraft der Lebensmittel" werden wir auf diese Frage näher eingehen.

In Patientengesprächen ist eines ebenso schnell klar geworden: Das Kochen wird von vielen, wenn überhaupt, nur noch rudimentär beherrscht. Die Ursachen sind vielfältiger Natur, darüber zu philosophieren bringt wenig, deshalb haben wir dieser Schwachstelle etwas entgegengesetzt – dieses Buch und unsere App HealthFood. Warum sollte Mann/Frau das Kochen lernen? Nun, im Idealfall – und der sollte die Regel sein – verstärkt das Kochen den Genuss. Speisen, die unappetitlich aussehen oder nicht gut schmecken, werden nicht gegessen – selbst wenn sie noch so gesund sind. Nicht nur das Auge isst mit, sondern auch Nase, Zunge und Gaumen! Diese Sinneswahrnehmungen führen im Idealfall durch Förderung des Speichelfluss zu einer optimalen Verwertung der Nahrung. Qualitativ hochwertige Gewürze und frische Kräuter verstärken dieses Zusammenspiel noch. Die Kunst besteht darin, schmackhaftes, gesundes Essen zuzubereiten. Deshalb ist die Kochkunst kein Luxus oder eine überflüssige Zugabe. Erst sie entscheidet darüber, ob das Essen zur bloßen Nahrungsaufnahme degradiert wird oder einen wichtigen Beitrag zur Lebensfreude leistet. Ein schmackhaftes Essen in angenehmer Umgebung macht nicht nur Spaß, es ist zugleich der beste Beitrag zur Gesundheit. Die Qualität (und niemals die Quantität!) ist für das bewusste Genießen entscheidend und verhindert, dass die Lebensmittelaufnahme zu Missbrauch und Sucht führt. Und denken Sie daran: Menschen, die sich eine optimistische Lebensorientierung zu eigen gemacht haben und ihre Lebensfreude und Genussfähigkeit pflegen, leben gesünder. Der Genussmensch versteht es, aus Wenigem viel zu machen – und aus dem Alltäglichen etwas Einzigartiges.

Und: Sie als Köchin/Koch entscheiden über die Zutaten, die Zubereitungsart und die Menge an Fett, Zucker und Gewürzen, die verwendet wird. Auch das trägt maßgeblich zu gesunder Ernährung bei.

Dieses Buch versucht Ihnen Zugang zu einer Ernährung zu vermitteln, die die ökologische Lebensmitteproduktion als Basis einer nachhaltigen, gesunden Ernährung sieht und Ihnen das Kochen wieder im doppeldeutigen Sinne schmackhaft zu machen. Genuss, ausreichende Bewegung und geistige Entspannung sind weitere Eckpfeiler, die wir Ihnen nahebringen wollen. Die von uns genannten Studien sollen unsere Beweggründe unterstreichen, wohlwissend, dass eine ernstzunehmende Kritik an der wissenschaftlichen Evidenz von Ernährungsstudien zur Krebsprävention existiert.

Auch wenn eine eindeutige Dosis-Wirkung-Beziehung häufig schwer auszumachen ist und gerade beim Thema Ernährung noch weitere Aspekte als die reine Stoffaufnahme zu berücksichtigen sind, gibt es doch Erkenntnisse, die sich im Laufe Zeit gehalten haben! Wir möchten Ihnen Anregungen geben, um ihren individuellen Lebensstil, d.h. Essen mit Genuss und Bewegung sowie Entspannung mit Lust und Freude, trotz ihrer schweren Erkrankung, zu finden.

Es sei noch einmal ausdrücklich darauf hingewiesen, dass unser Ansatz, den Lebensstil, die Lebensqualität nach unseren Empfehlungen auszurichten beziehungsweise individuell zu realisieren, nicht die Empfehlungen Ihres behandelnden Hämatologen/Onkologen ersetzen, sondern optimalerweise ergänzen kann.

Wir hoffen, Ihnen mit unseren Bemühungen als pragmatische Helfer und Motivatoren zur Seite stehen zu können, und wünschen Ihnen viel Spaß beim Lesen, Lernen und Kochen!

THEORIE

DIE GENE SIND SCHULD? WIE ENTSTEHT KREBS?

Vorweg sei gesagt: Viele der Ursachen, die einem Tumor zugrunde liegen, sind bis dato noch nicht 100%ig verstanden. Im Folgenden sind deshalb die bisherigen Erkenntnisse zusammengetragen.

Die Entstehung eines Tumors beginnt im Allgemeinen mit dem unkontrollierten Wachstum einer entarteten Körperzelle. In den meisten Fällen entsteht in der Folge ein sogenannter Loci, ein Zellhaufen, der durch ein invasives Wachstum andere Zellen in der Umgebung verdrängt (siehe Abbildung). Es entwickelt sich ein Tumor, der in das angrenzende Gewebe hineinwächst. Im fortgeschrittenen Stadium bilden sich Blutgefäße, die den Tumor mit Nährstoffen versorgen und so sein Wachstum fördern (Neoangiogenese). Gleichzeitig können sich die Tumorzellen über Blut und Lymphbahnen in andere Körperorgane ausbreiten und ansiedeln, die sogenannte „Metastasierung“. [1]

WIE ENTSTEHT EINE ENTARTETE ZELLE?

Den Ursprung allen menschlichen Lebens bilden die Stammzellen, die auch embryonale Zellen genannt werden. Sie sind noch nicht auf eine Aufgabe spezialisiert. Ein Hauptcharakteristikum der Stammzelle besteht darin, dass sie sich durch Zellteilung selbst erneuern kann. Aus den Stammzellen werden im Zuge der Entwicklung des Embryos differenzierte Zellen, die fortan lediglich eine einzige Aufgabe übernehmen, zum Beispiel ein (Muskel-)Gewebe zu formen. Damit aus einer normalen Zelle eine Tumorzelle wird, muss dieser Vorgang umgekehrt werden, sie muss sich also wieder entdifferenzieren und zur allgemeinen Zelle ohne besondere Spezialisierung werden. Mit dieser Umwandlung der Zelle erhält die Tumorzelle auch wieder ihre ursprünglichen Eigenschaften zurück: Sie kann sich klonal vermehren, wobei gleichzeitig der normale Zelltod (Apoptose) verhindert wird. Sie kann sich fortan unkontrolliert weitervermehren.

DIE INITIATION – UND WAS DIE ERNÄHRUNG DAMIT ZU TUN HAT

Der Anstoß für die Verwandlung einer normalen Körperzelle zur Tumorzelle (Initiation) geschieht häufig durch eine Schädigung der Zelle von außen, die die DNA im Zellkern angreift. Das kann durch viele Ursachen geschehen: chronische Entzündungen, Chemikalien, Strahlung, Viren oder durch reaktive Sauerstoffspezies (ROS). Diese freien Radikale, wie sie auch genannt werden, entstehen unter anderem bei der Gewinnung zellulärer Energie aus Sauerstoff durch die Mitochondrien. Kommt die Balance zwischen Produktion und Ausscheidung der ROS ins Ungleichgewicht, können oxidative Schäden der Zelle die Folge sein. Eine mögliche Folge dieser Dysbalance ist die Entstehung von Tumorzellen. Glücklicherweise liegt zwischen der Initiation der Tumorzelle und dem Wachstum eines Tumors eine lange Zeitspanne, in der der angehende Tumor noch sehr verletzlich ist.

An dieser Stelle können wir mit unserer Ernährung eingreifen. Die Antioxidantien aus Lebensmitteln wie Obst und Gemüse können beispielsweise zur Verringerung der ROS beitragen und somit protektiv der Krebsentstehung entgegenwirken. Im Umkehrschluss heißt das, eine Ernährungsweise mit einer geringen Aufnahme an Antioxidantien könnte eine Tumorentstehung begünstigen. [2] Auch sekundäre Pflanzenstoffe, wie sie in Obst, Gemüse und Gewürzen vorkommen, können vor der Beschädigung der DNA schützen, indem sie Enzymaktivitäten regulieren und blockieren, die zur Tumorentstehung beitragen, Entzündungen entgegenwirken und die Zellteilung der mutierten Zellen verhin-

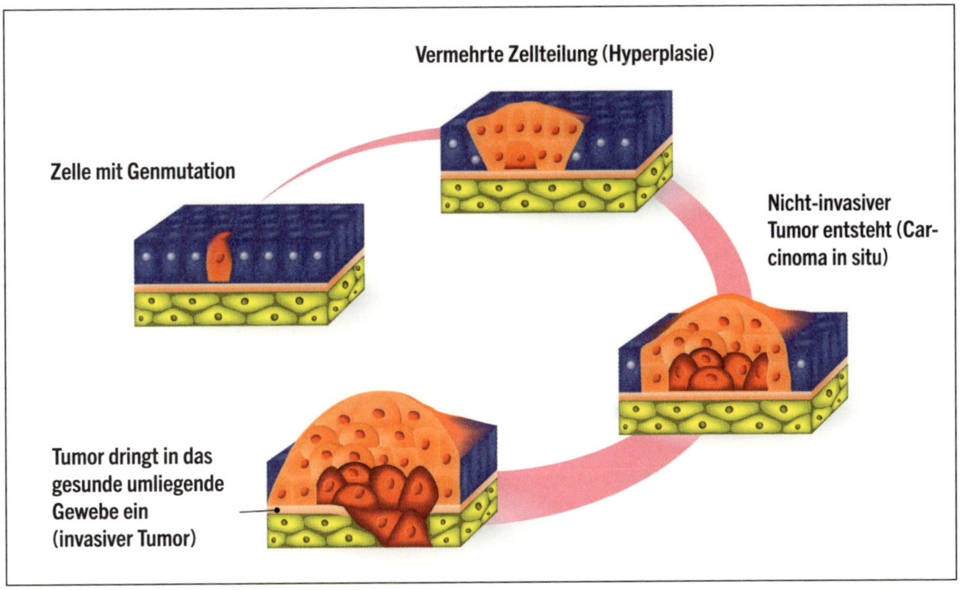

dern sowie deren Zelltod einleiten. [3] Zudem unterstützen wir mit einer gesunden Ernährung unser Immunsystem, das wiederum bei der Inaktivierung von Krebszellen eine wichtige Rolle spielen kann. [4] Damit ein Tumor wachsen kann, muss er mit Nährstoffen versorgt werden. Aus diesem Grund besitzen Tumorzellen die Fähigkeit, die nahegelegenen Blutgefäße zum Wachstum zu animieren, um so über ein Netz aus neu gewachsenen Blutkapillaren mit dem Blutkreislauf verbunden und mit Nährstoffen versorgt zu sein. Diesen Vorgang nennt man Neoangiogenese. Auch hier können Nahrungsinhaltsstoffe Einfluss ausüben und den Vorgang der Neoangiogenese verhindern. [4] Nähere Einzelheiten werden im Kapitel „Die Kraft der Lebensmittel (S. 28)“ erörtert.

AUCH FETTZELLEN BEEINFLUSSEN DIE TUMORENTSTEHUNG

Große Auswirkungen auf die Tumorentstehung hat auch das Übergewicht. Besonders Adipositas (Fettleibigkeit), definiert als ein BMI über 30 kg/m², gilt als Risikofaktor für die Krebsentstehung. Neben seiner Aufgabe als Energiereserve, Wärmeregulation und mechanische Schutzfunktion ist das Fettgewebe auch ein endokrines, metabolisches Organ. Das bedeutet, es produziert Hormone und greift aktiv in den Stoffwechsel des Körpers ein. Wir unterscheiden vornehmlich zwei Arten von Fettgewebe: das subkutane (Unterhaut) Fett und das Viszeralfett, das die inneren Organe umhüllt. Besonders Letzteres wird mit einer erhöhten Insulinresistenz, der Lipolyse (Aufspaltung der Fette in freie Fettsäuren) und der Produktion entzündungsfördernder Zytokine (Proteine) in Verbindung gebracht. Durch die ununterbrochene Abgabe dieser Entzündungsmediatoren befindet sich der Organismus in einem Zustand einer permanenten unterschwelligen Inflammation, was wiederum die Entwicklung von Tumoren begünstig.

Jüngere Studien zeigen, dass Krebszellen in der Lage sind, Adipozyten (Fettzellen) in Pre-Adipozyten, also ihre Vorgängerform, umzuwandeln. Die daraus resultierende Energie kann zum Wachstum des Tumors verwendet werden. Die Adipozyten sind somit direkt an der Entstehung und Entwicklung von Tumoren beteiligt. [5]

GESUNDE ERNÄHRUNG IM KAMPF GEGEN DEN KREBS – WO BIETEN SICH HANDLUNGSMÖGLICHKEITEN?

Durch einen gesunden Lebensstil und eine gute Ernährung lässt sich im Schnitt ein Drittel aller Tumoren verhindern. [6] [7] Je nach Krebsart variiert diese Zahl. Eine besondere Aufmerksamkeit sollten wir hierbei unserem Darm widmen. Dieser hat direkten Kontakt mit all jenen Karzinogenen (Substanzen, die Krebs erzeugen oder fördern können), die wir über unsere Nahrung zu uns nehmen. Deshalb haben wir hier auch den größten Einfluss, um eine Krebsentstehung zu verhindern. Studien gehen davon aus, dass wir das Risiko, an einem Darmtumor zu erkranken, durch das Einhalten von vier bis sechs der insgesamt acht Empfehlungen der WCRF [4] um bis zu 58 % senken könnten:

Dennoch gilt: Bei der Entstehung von Krebszellen spielen viele Faktoren hinein. Neben dem Lebensstil können, wie bereits erwähnt, auch Viren (wie etwa beim Burkitt-Lymphom), chronische Entzündungen, Chemikalien, Strahlung und unsere Gene das Krebsrisiko beeinflussen. Auch Rauchen soll als Ursache einer Tumorentstehung Erwähnung finden. Es wird geschätzt, dass bis zu 85 % aller Lungenkrebsarten durch Rauchen verursacht sind. Das Risiko für andere Krebsarten erhöht sich ebenfalls durch einen regelmäßigen Tabakkonsum. [8] Welche Rolle unsere Psyche beim komplexen Krankheitsbild „Krebs“ spielt, werden wir im Kapitel „Durch Entspannung in die Kraft der Spannung“ (S. 42) noch ausgiebiger beleuchten.

- → gesundes Körperfett (Gewicht innerhalb der Norm halten)
- → ausreichend Bewegung (mindestens 30 Minuten pro Tag körperlich aktiv sein)
- → Vermeidung von energiereichen Lebensmitteln und gezuckerten Getränken
- → vermehrter Konsum pflanzlicher Lebensmittel wie Gemüse, Obst oder Hülsenfrüchte
- → Reduzierung tierischer Lebensmittel (besonders verarbeitetes Fleisch sollte vermieden werden)
- → Verzicht auf Alkohol
- → Reduktion von Salz und Vermeiden verschimmelter Lebensmittel (insbesondere Getreidesorten)
- → Einschränkung des Konsums von Nahrungsergänzungsmitteln auf das Minimum

VORTEIL VON ÖKOLOGISCH UND ARTGERECHT ERZEUGTEN LEBENSMITTELN

„Alles, was der Mensch den Tieren antut, kommt auf den Menschen wieder zurück."
Pythagoras (griechischer Philosoph und Mathematiker, 582–496 v. Chr.)

Das Dilemma bei den Grundfragen, die unsere Ernährung betreffen, ist, dass zwar viele Hypothesen zum Thema „gesunde Ernährung" geäußert, veröffentlicht oder in den Medien diskutiert werden, aber es für viele Annahmen keine wissenschaftlich signifikanten Beweise gibt. Daraus ergibt sich die Frage: Bräuchten wir nicht Studien, um zu beweisen, das ökologisch und artgerecht erzeugte Lebensmittel besser sind als konventionell erzeugte?

Nun wären solche Studien sicherlich sehr nützlich und aufschlussreich; in vielen Bereichen gibt es sie bereits beziehungsweise sind sie in Bearbeitung. Allerdings werden die meisten Ergebnisse wohl im günstigsten Fall der nächsten Generation zugutekommen, denn wissenschaftlich verwertbar sind in einem solchen Zusammenhang vor allem Langzeitstudien.

Doch in Wirklichkeit ist die Frage eine ganz andere. Nehmen wir an, wir hätten die Ergebnisse der Langzeitstudien vorliegen. Eine der Kernfragen wäre dabei: Welche Auswirkungen hätte eine Ernährungsweise, die Fleisch aus nicht artgerechter Tierhaltung und Obst, Gemüse und Getreide aus nicht ökologischem Anbau bevorzugt, auf die Gesundheit? Angenommen, das Resultat einer solchen Studie wäre, dass eine nicht bewusste, konventionell industriell orientierte Ernährung keine negativen Auswirkungen auf die Gesundheit hat. Wäre dann die Konsequenz daraus, dass man ungerührt weiter Tiere als Nahrungserzeugungsmaschinen behandeln und ausnutzen sowie die Böden auslaugen und mit Pestiziden vergiften darf, oder haben wir über unseren Selbsterhaltungstrieb hinaus noch eine ethische und gesellschaftliche Verantwortung für die Tiere und die Natur?

Die Überzeugung, dass aufgeklärte Menschen Verantwortung für die Umwelt (Flora wie Fauna) übernehmen müssen, ist der Grundgedanke einer zeitgemäßen, verantwortungsvollen Ernährungsberatung. Der Dreiklang „Gesundheit, Genuss, Verantwortung" lässt nur eine Antwort zu. Die Grundlage einer gesunden Ernährung ist der Verzehr von ökologisch und artgerecht erzeugten Lebensmitteln. Der nächste Schritt – die Rezeptur beziehungsweise das Kochen – bedarf einer ebenfalls hohen Aufmerksamkeit und Sachkenntnis. Mit anderen Worten: Der erste Schritt kann durch den zweiten Schritt, das Kochen, ad absurdum geführt werden. Damit das nicht passiert, haben wir für unsere Patienten, aber auch für Gesunde die Koch-App HealthFood entwickelt.

Dennoch möchte ich nicht unerwähnt lassen, dass es durchaus wissenschaftliche Analysen darüber gibt, dass Biolebensmittel zum Beispiel mehr Vitamin C oder sekundäre Pflanzenstoffe wie Lycopin in Tomaten, Phenole in Karotten und Tomaten oder Glykoalkaloide und Polyphenole in Kartoffeln und auch ein Mehr an bestimmten Antioxidantien enthalten. [1] Bei Biomilch wurden insgesamt höhere Mengen an PUFA (mehrfach ungesättigte Fettsäuren) und an Omega-3-Säuren (bei unveränderten Omega-6 Mengen!) sowie an CLA (konjugierte Linolsäure), Vitamin E sowie Eisen ermittelt. [2]

In einer zweiten Analyse zeigte Średnicka-Tober (2016), dass in Biofleisch ebenfalls die Fettsäurezusammensetzung etwas besser ist (mehr PUFA, mehr Omega-3-PUFA). Die Ergebnisse im Fleisch waren nicht so deutlich wie bei der Milch. [3]

NUR WER KOCHEN KANN, KANN SICH GESUND ERNÄHREN

Wer kochen kann, bestimmt selbst die Auswahl der Lebensmittel und ist in der Lage, eine Rezeptur einzuschätzen und individuell umzusetzen. Dieser Vorgang erfordert Grundkenntnisse über Lebensmittel und natürlich auch eine gewisse Erfahrung beim Kochen, das allerdings keine Hexerei, sondern schlicht und einfach erlernbar ist. Wir haben die Koch-App und die Rezepte speziell für Sie entwickelt, um Ihnen Fertigkeiten und Tipps von den Besten ihrer Kunst zu vermitteln. Nun werden Sie sagen: Lernen von den Besten, den Sterneköchen, das ist doch viel zu kompliziert für den Hausgebrauch, viel zu hochgegriffen für einen Laien! Braucht es das denn überhaupt?

Ja, das braucht es!

DIE PHILOSOPHIE DER SPITZENKÖCHE LÄSST SICH IN FOLGENDEN GRUNDSÄTZEN ZUSAMMENFASSEN:

→ Verwendung frischer Zutaten aus ökologischer Gemüse-, Obst- und Getreideproduktion oder artgerechter Tierhaltung

→ bevorzugte Verwendung von regionalen und saisonalen Lebensmitteln; oft besteht eine gute Zusammenarbeit mit Jägern oder hochwertigen Lebensmittel-Manufakturen, die Wildfleisch oder Fisch aus verantwortungsvoller Zucht anbieten

→ gesundheitsbewusste Auswahl der Zutaten und der Zubereitungsarten

→ Vereinfachung der Zubereitung

→ Verkürzung der Kochzeiten

→ Verzicht auf schwere, fettlastige Saucen und übermäßiges Salzen, Mehlschwitzen werden durch Fonds und Jus ersetzt, zum Würzen dienen frische Kräuter und Gewürze hoher Qualität, Zitronensaft oder qualitativ hochwertiger Essig

Die Bemühung dieser Köche, aus den genannten Lebensmitteln ein Essen zu kreieren, das all unsere Sinne berührt, also Genuss höchster Qualität erzeugt, hat wesentlich zu unserer Entscheidung beigetragen, mit diesen passionierten Köchen zusammenzuarbeiten. Denn es ist sonnenklar: Ein Essen kann noch so gesund sein, wenn es nicht schmeckt, verhallt jede

Empfehlung ungehört! Durch das Kochen haben wir die Möglichkeit, die Nahrungsmittel noch schmackhafter darzubieten; die Rezepte der Sterneköche helfen uns, die gesunden Lebensmittel ideal zu verarbeiten und vor allem zu genießen.

Die Ergebnisse unserer Kochkünste sollten auf jeden Fall nicht nur gut schmecken, sondern auch appetitlich und ansprechend aussehen – dieser Aspekt ist wesentlich. Denn eben nicht nur das Auge isst mit, sondern auch Nase, Zunge und Gaumen. Erst diese Sinneswahrnehmungen führen durch Förderung der Sekretion zu einer optimalen Verwertung der Nahrung. Das ist die wissenschaftliche Erklärung dafür, dass der Genuss des Essens eine wesentliche Voraussetzung für die Gesundheit darstellt. Deshalb ist die Kochkunst kein Luxus oder schmückendes Beiwerk. Kochen ist eine kulturelle Leistung und damit in keiner Weise banal oder nebensächlich. Erst ihr Gelingen entscheidet darüber, ob das Essen zur bloßen Nahrungsaufnahme degradiert wird oder einen wichtigen Beitrag zur Lebensfreude leistet. Ein schmackhaftes Essen in angenehmer Umgebung macht nicht nur Spaß, es ist zugleich der beste Beitrag zur Gesundheit. Die Qualität (und niemals die Quantität!) ist für das bewusste Genießen entscheidend und verhindert, dass die Lebensmittelaufnahme zu Missbrauch führt.

Ein weiteres Anliegen unseres Projekts beziehungsweise der App ist, mit einem Vorurteil aufzuräumen: Die Sterneküche ist nicht automatisch eine Sache für Profi- oder Hobbyköche, die die Zeit und die Passion haben, stundenlang Menüs vorzubereiten. Es ist ein weit verbreiteter Irrtum zu glauben, die Sterneküche sei nicht alltagstauglich. Viele Rezepte sind schnell und ohne großen Aufwand nachzukochen – der beste Beweis dafür sind die positiven Berichte vieler Benutzer der App. Grundvoraussetzung ist lediglich eine positive Einstellung zum Kochen, was bedeutet, sich Zeit zu nehmen, dem Einkaufen und Kochen Bedeutung zu geben und dabei eventuell die Familie oder die Freunde einzubeziehen.

Eine Wertschätzung der Produkte und der Arbeit des Kochs oder der Köchin ist in diesem Zusammenhang eine ganz wesentliche Voraussetzung. Mit dieser Einstellung bekommt das Kochen eine ausschließlich positive Bedeutung. Die klassischen Gegenargumente „keine Zeit" und „zu teuer" sind relativer Natur. Zeit ist eine Frage der Organisation, viele Dinge lassen sich vorbereiten und viele Gerichte machen sich über die Garzeiten, die beispielsweise im Ofen nicht ständig überwacht und kontrolliert werden müssen, von selbst.

Niemand verlangt, dass Sie täglich ein Drei-Gänge-Menü kochen. Starten Sie am Wochenende mit Ihrer Umstellung, wenn Sie Zeit und Muße haben. Dass ein Biohuhn im Vergleich zu einem Huhn aus Massentierhaltung das Zwei- bis Dreifache kosten kann, sollte man aus Respekt für die eigene Gesundheit und aus Respekt gegenüber dem Tier akzeptieren. (Ein Huhn für 3,20 Euro ist eine Finte!) Die Priorität dieser beiden Kriterien sollte in unserer hochentwickelten Gesellschaft nicht mehr zur Debatte stehen.

Den Menschen, die diese neue kulinarische Richtung einschlagen wollen, empfehlen wir, anfangs eher einfache Gerichte auszuwählen. Kochen ist – wie vieles andere auch – Übungssache. Sie werden sehen, dass Sie mit der Zeit immer besser werden und sich auch mehr zutrauen können. Noch ein Ratschlag: Wenn Sie Ihr erstes großes Fest – zum Beispiel zur „Wiedergeburt" – mit einem tollen Essen für Ihre Freunde zelebrieren möchten, überraschen Sie die Gäste nicht mit einem noch nie zuvor ausprobierten Rezept. Das Risiko, damit zu scheitern, ist zu groß. Und es wäre doch sehr schade, wenn Sie Ihre neu erworbenen Kochkünste im wahrsten Sinne des Wortes verbrennen würden.

DIE HEILKRAFT DER SUPERFOODS – MYTHOS ODER WAHRHEIT?

Was steckt hinter all den Samen und Beeren mit den exotisch klingenden Namen wie Goji, Açaí, Chia oder Moringa? Als Superfoods geistern sie seit einiger Zeit durch unsere Supermarktregale und Medien. Wobei Superfood grob als „nährstoffreiches Lebensmittel, das als für Gesundheit und Wohlbefinden besonders förderlich erachtet wird" definiert ist, eine rechtlich bindende Definition für diesen Begriff fehlt jedoch bislang. [1]

Die Werbung erzählt uns von alten Völkern, die dank dieser Nahrungsmittel Gesundheit und ein langes Leben erhielten. Angeboten als Samen, Pulver oder Extrakte sollen sie das Immunsystem stärken, Alterungsprozesse verlangsamen und vor Krebs, Diabetes und Herz-Kreislauf-Erkrankungen schützen. Allein die wissenschaftlichen Beweise fehlen. Die meisten Erkenntnisse, die wir heute auf diesem Gebiet haben, beruhen auf Tierstudien. Die hier verabreichten Dosen können jedoch in einer normalen täglichen Ernährung unmöglich aufgenommen werden. [1]

Dabei enthalten viele der so angepriesenen Lebensmittel tatsächlich hohe Mengen an Vitaminen, Mineral- und sekundären Pflanzenstoffen, Antioxidantien und Omega-3-Fettsäuren – wenn sie frisch geerntet werden. Betrachtet man allerdings die langen Transportwege und die oft zu frühe Ernte der „Superbeeren", um deren Verderb zu verhindern, dazu noch den Umstand, dass sie oft stark verarbeitet werden, um genießbar zu sein, verringert sich der tatsächliche Gehalt gesundheitsförderlicher Stoffe in den Beeren deutlich. Dazu kommt, dass viele der exotischen Produkte Verunreinigungen mit Pestiziden, Mineralöl, Kadmium und weiteren Schadstoffen aufweisen. [2] [3]

Gerade während der Therapie ist Vorsicht beim Konsum dieser Superfoods geboten: Mögliche Medikamenten-Wechselwirkungen mit den Beeren und Samen sind bislang nur unzureichend untersucht worden. So könnten Granatapfel, Avocado, Gojibeeren oder Cranberrys mit Arzneimitteln wie etwa Gerinnungshemmern interagieren. [4] [5]

Oftmals werden die Beeren auch als Supplement in Pulverform angeboten, denen zusätzlich Vitamine und Spurenelemente beigefügt sind, um den gesundheitlichen Nutzen vermeintlich zu erhöhen. Gerade die Wirkung von Antioxidantien wie den Vitaminen A, C und E

oder Selen wird in letzter Zeit stark diskutiert. In Studien konnte die Aufnahme von Antioxidantien in Form frischer Früchte und Gemüse das Risiko für Erkrankungen wie Krebs zwar senken. Eine stark erhöhte Aufnahme von Antioxidantien in Form von Supplementen führte jedoch zu einer ansteigenden Mortalitätsrate und ist deshalb nicht zu empfehlen. [6]

Fazit: Viele Beeren und Samen, die unter dem Begriff „Superfoods" zusammengefasst sind, enthalten durchaus wertvolle Inhaltsstoffe und können den täglichen Speiseplan bereichern. Vorausgesetzt, es handelt sich um natürliche Lebensmittel, die nicht zu stark bearbeitet, belastet oder gezuckert sind. Der Begriff „Superfood" beinhaltet jedoch auch die Annahme, andere, weniger exotisch klingende, heimische Lebensmittel wie Zwiebeln oder Leinsamen seien weniger nährstoffreich. Wie immer gilt: Es kommt auf die gesamte Ernährungsweise an. Einzelne Lebensmittel können nicht – wie es die Werbung verspricht – zu Gesundheit, Schönheit und einem langen Leben führen. Eine abwechslungsreiche, pflanzenbasierte Ernährung mit Produkten aus guten landwirtschaftlichen Erzeugnissen deckt im Normalfall alle wichtigen Nährstoffe ab. Eine schlechte Ernährungsweise lässt sich im Umkehrschluss nicht unter einer Handvoll Açaí- oder Gojibeeren verstecken. [1]

NAHRUNGSERGÄNZUNGSMITTEL – VERLOCKENDE SELBSTOPTIMIERUNG

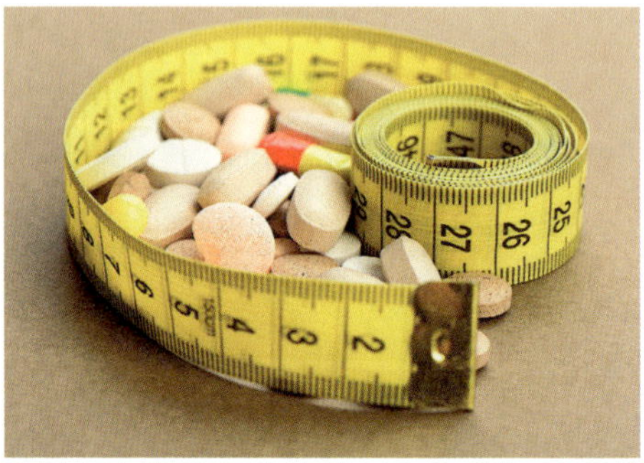

WAS SIND NAHRUNGSERGÄNZUNGSMITTEL?

Mit Nahrungsergänzungsmitteln (NEM) sind Produkte gemeint, die in verdichteter Form Nährstoffe wie Vitamine, Mineralien und Spurenelemente oder Aminosäuren (Bausteine der Eiweiße) enthalten. Im weiteren Sinne zählen auch Ballaststoffe, Pflanzen oder Kräuterextrakte zu den NEM.

NEM werden etwa in Form von flüssigen Konzentraten, Kapseln, Tabletten oder Pulverbeuteln angeboten. Gemeinsam ist ihnen die lebensmitteluntypische Darreichungsform, die mit Angaben zur empfohlenen täglichen Verzehrmenge gekennzeichnet sein muss. [1]

Da NEM zu den Lebensmitteln zählen, müssen sie weder aufwendig als Arzneimittel zugelassen noch dürfen sie mit Heilversprechen vermarktet werden.

BRAUCHEN WIR NAHRUNGSERGÄNZUNGSMITTEL?

Der Begriff „Nahrungsergänzungsmittel" ist selbsterklärend: Es handelt sich um Produkte, die die Nahrung ergänzen, jedoch keinesfalls ersetzen. Und die – trotz der Verlockung, sich maximal und optimal mit Nährstoffen zu versorgen – laut Deutscher Gesellschaft für Ernährung (DGE) unter normalen Lebens- und Ernährungsumständen nicht notwendig sind. Repräsentative Studien zeigen, dass bei der „Mehrzahl der Vitamine die Referenzwerte für die Zufuhr von den in Privathaushalten lebenden Personen im Mittel erreicht oder überschritten werden". [2]

Im Gegenteil kann laut DGE und dem Bundesinstitut für Risikobewertung (BfR) die zusätzliche Einnahme von NEM bei ausgewogener Ernährung eine nachteilige Wirkung für die Gesundheit haben. [2] [3]

IST VON NAHRUNGSERGÄNZUNGSMITTELN GRUNDSÄTZLICH ABZURATEN?

Nein, in bestimmten Situationen ist es sehr wohl sinnvoll, gezielt ausgewählte NEM zu sich zu nehmen. Beispielsweise sollten Säuglinge ergänzend mit Vitamin D und Schwangere mit Folsäure, Jodid oder eventuell auch Eisen versorgt werden. Menschen, die sich wenig im Freien aufhalten, müssen oftmals einen Vitamin-D-Mangel ausgleichen. Zusätzlich empfiehlt die DGE allgemein die Verwendung von jodiertem und fluoridiertem Speisesalz. [2]

NAHRUNGSERGÄNZUNGSMITTEL BEI EINER TUMORERKRANKUNG

Bei einer Tumorerkrankung kann der Einsatz einzelner NEM sinnvoll sein, da zum Beispiel (Auswahl)

→ seit Langem bekannt ist, dass eine Tumorerkrankung beziehungsweise die Therapie einen erhöhten Bedarf an Nährstoffen verursachen kann. [3]

→ zunehmend Hinweise auf Zusammenhänge etwa zwischen einem Mangel an Vitamin D und der Entstehung sowie dem Verlauf von Tumorerkrankungen erforscht werden.

→ die aktuelle Forschung nahelegt, dass Bestandteile der indischen Gelbwurz (Kurkuma) tumorzellhemmende Wirkung haben könnten (siehe Seite 36). [4]

UNSERE EMPFEHLUNGEN IM UMGANG MIT NAHRUNGSERGÄNZUNGSMITTELN

→ Versuchen Sie, sich möglichst durch eine variationsreiche, frische und schmackhafte mediterran ausgerichtete Küche mit den notwendigen Nährstoffen zu versorgen.

→ Heute wissen wir, dass die Vielfalt biologisch aktiver Substanzen insbesondere in Gemüse und Obst (möglichst im Verbund aufgenommen) insgesamt förderlich für die Gesundheit ist. [5]

→ Im Normalfall sind keine zusätzlichen NEM notwendig. Ausnahmen bestätigen die Regel.

→ Vor der Einnahme einiger NEM, beispielsweise von Vitamin D, empfiehlt sich eine Blutkonzentrationsbestimmung.

→ Jede Einnahme von NEM sollte in einen für Sie geeigneten aktiven Lebensstil in den Bereichen „Ernährung", „Bewegung", „Entspannung" und „geistige Gesundheit" eingebettet sein.

→ Lassen Sie sich bei Vorliegen einer Tumorerkrankung professionell zu einer zielgerichteten Versorgung mit NEM beraten. Insbesondere, da die unüberlegte Anwendung unerwünschte Nebenwirkungen oder gar eine Abschwächung der Tumortherapie hervorrufen kann. So könnte beispielsweise Vitamin C die Wirksamkeit des Arzneistoffes Bortezomib abschwächen. [6]

→ Wenden Sie sich für eine kostenfreie Beratung gern an das Tumorzentrum München!

WARUM VERWENDEN WIR VEGETARISCHE, ABER KEINE VEGANEN REZEPTE?

Beim Durchblättern unserer Rezepte fällt auf, dass viele davon vegetarisch gehalten sind. Deshalb drängt sich die Frage auf: Warum gehen wir nicht noch einen Schritt weiter und kreieren vegane Rezepte? Die Antwort ist wie immer vielschichtig: Die Auswirkungen einer vegetarischeren Ernährungsweise auf das Risiko, an Krebs zu erkranken, wurden bereits vielfach untersucht. [1] Immer wieder zeigte sich, dass eine vegetarische Ernährungsweise einen schützenden Effekt besitzt. Das gilt besonders für Tumoren des Magen-Darm-Bereichs, insbesondere für Dickdarmkrebs. Vegetarier, die zudem Eier und Milchprodukte verzehren, schienen ein noch geringeres Risiko zu besitzen. Der zusätzliche Konsum von Fisch schien vor allem Tumoren an Atem- und Harnwegen vorzubeugen.

Als mögliche Erklärung für diese protektiven Eigenschaften vermutet man den insgesamt gesünderen Lebensstil vieler Vegetarier mit mehr Bewegung und einem geringeren Körpergewicht. Auch der erhöhte Verzehr von Obst und Gemüse bei einer vegetarischen Ernährung hilft beim Schutz vor vielen Tumorarten. Eine rein vegane Ernährung schien hingegen vor allem vor frauenspezifischen Tumorarten wie Brust-, Gebärmutter-, Endometrium- oder Eierstockkrebs zu schützen. [2]

Eine vegane Ernährung ist jedoch stets mit dem Risiko der Mangelernährung verbunden. Besonders betroffen sind hier Vitamin B12 und Eisen. Zudem können auch Proteine beziehungsweise unentbehrliche Aminosäuren, langkettige Omega-3-Fettsäuren sowie Riboflavin, Kalzium, Jod, Zink und Selen potenziell kritische Nährstoffe darstellen. Mangelernährung stellt ein häufiges Problem bei Krebspatienten dar und kann unter anderem zu längeren Krankenhausaufenthalten, vermehrten Komplikationen bei der Therapie sowie einer schlechteren allgemeinen Prognose führen. Deshalb sollte auf alle Ernährungsweisen, die einen Mangel an Mikro- und Makronährstoffen nach sich ziehen könnten, verzichtet werden.

Als letzte Anmerkung sei auf die Ersatzprodukte eingegangen, die vegan lebende Personen teilweise anstelle von Fleisch, Sahne oder Käse verzehren. Diese sind oft stark verarbeitet, beinhalten viel Salz, Zucker, Aromen und Stabilisatoren sowie gehärtete Fette und Transfettsäuren. Mit gesunder Ernährung im Sinne von natürlichen Lebensmitteln hat das häufig nicht mehr viel zu tun.

ZUCKER, SALZ, ALKOHOLIKA – EIN PROBLEM?

Man hört es immer wieder: Tumorpatienten sollten bloß keinen Zucker essen. Auf Salz sollte am besten vollkommen verzichtet werden und auch Alkohol wird häufig als ein absolutes No-Go eingestuft. Doch ist eine derartige Selbstkasteiung wirklich sinnvoll? Vorweg: Der Konsum dieser drei Nahrungsmittel hat Einfluss auf vielerlei Erkrankungen, wir werden hier aber lediglich die krebsrelevanten Aspekte beleuchten.

Auf die sogenannte ketogene Ernährungsweise, bei der möglichst wenige Kohlenhydrate und kein Zucker, dafür aber viel Fett und Proteine verzehrt werden, gehen wir im Kapitel „(Krebs-) Diäten (S. 46)" noch einmal ein. Fest steht jedoch, dass Zucker an sich genauso wenig giftig ist wie Weißbrot. „Alle Dinge sind Gift, und nichts ist ohne Gift; allein die Dosis macht's, dass ein Ding kein Gift sei", um den berühmten Ausspruch von Paracelsus zu zitieren. [1] Das bedeutet jedoch auch, dass ein Zuviel an Zucker und Weißbrot sehr wohl schaden kann, beispielsweise indem es zu Übergewicht führt, einem bekannten Risikofaktor für viele Krebserkrankungen. [2] Besonders zuckerhaltige Getränke sollten in diesem Zusammenhang nur selten konsumiert werden.

Auch Salz ist in Maßen in Ordnung, sogar lebenswichtig für unseren Organismus. Etwa 1,4 g Kochsalz pro Tag gilt als untere Grenze der täglichen Aufnahme. Schwierig wird es, wenn wir zu viel Salz zu uns nehmen – etwa durch Fertigprodukte, Käse und Wurst. Mit durchschnittlich 9 g ist derzeit die Salzaufnahme in Deutschland viel zu hoch. [3] Insbesondere das Risiko für Magenkrebs steigt mit einem erhöhten Konsum von Salz oder gesalzenen Lebensmitteln wie eingelegtem Gemüse, Stock- oder Klippfisch. Die Weltgesundheitsorganisation WHO rät deshalb, eine Zufuhr von täglich 5 g nicht zu überschreiten. [4]

Bei Alkohol lautet die allgemeine Regel: Für Männer sollte der tägliche Konsum von 20 g Alkohol, für Frauen 10 g nicht überschreiten. Die Berechnungsformel, wie viel Alkohol sich in einem Getränk befindet, lautet:
Menge in ml x (Vol.-%/100) x 0,8 = g reiner Alkohol. Ein Glas 11%iger Wein besitzt dementsprechend 8,8 g Alkohol (100 ml x (11/100) x 0,8 = 8,8 g Alkohol).

Das Risiko für Tumoren im Magen-Darm- sowie im Mund-Rachen-Bereich wird durch einen regelmäßigen Alkoholkonsum ebenso erhöht wie für Kehlkopf-, Speiseröhren-, Leber- und Brustkrebs. Das Besondere am Alkohol ist, dass hier – bis auf Leber- und Magenkrebs – keine Grenze existiert, unter der bedenkenlos konsumiert werden kann. Alkoholkonsum fördert also immer das Krebsrisiko. Wer regelmäßig trinkt, ist zudem noch mehr gefährdet als jemand, der nur gelegentlich zu viel Alkohol konsumiert. Tabakrauch scheint die kanzerogene Wirkung des Alkohols sogar noch zu verstärken. [2] [5] Die Empfehlung der Mindestmengen entstammt indes der Theorie, dass ein geringes Maß an Alkohol vor Herz-Kreislauf-Erkrankungen schützen kann. Auch wenn sich diese Theorie in der neuesten Forschung nicht verifizieren lässt, gilt dennoch der Leitsatz, dass Genuss und Lebensfreude wichtige Faktoren für ein gesundes Leben darstellen. Dient ein gutes (!) Glas Wein ab und an diesem Ziel, ist es sicher nicht verwerflich. Auch hier macht die Dosis das Gift. Das gilt jedoch nicht während einer Krebstherapie. Hier sollte immer zuvor mit dem behandelnden Arzt gesprochen werden, um potenzielle Wechselwirkungen mit Arzneimitteln zu vermeiden.

ERNÄHRUNG WÄHREND DER KREBSTHERAPIE

Um es vorweg zu sagen: Eine Standardlösung zur perfekten Ernährung während der Krebstherapie gibt es nicht. So individuell wie angewandte Behandlungsmethoden, Nebenwirkungen und die jeweiligen Ausgangssituationen, so individuell sind auch die ernährungsbezogenen Lösungen. Aus diesem Grund ist es sinnvoll, jegliche Unsicherheiten, Probleme und Wünsche in diesem Bereich mit einer Ernährungsfachkraft abzuklären. Einige allgemeine Hinweise gibt es dennoch:

Eines der wichtigsten Ziele während einer Krebstherapie ist, das Körpergewicht möglichst konstant zu halten. Das bedeutet zunächst, einem ungewollten Gewichtsverlust entgegenzuwirken, um nicht in die Mangelernährung zu geraten. Besonders bei Patienten, die bei Diagnosestellung normal- oder untergewichtig sind, kann ein starker Gewichtsverlust während der Therapie zu einem geringeren Therapieerfolg und erhöhten Nebenwirkungen führen. Der Fokus liegt hier auf Nebenwirkungen wie Appetitverlust, Geschmacks- und Geruchsveränderungen, Schluckbeschwerden, Übelkeit und Erbrechen. Häufige energiereiche Mahlzeiten, die eventuell durch Nährstoffkonzentrate wie Maltodextrin oder Proteinpulver angereichert wurden, können hier helfen. Auch eine orale Nahrungssupplementation in Form von Trinknahrung oder eine parenterale Sondenernährung kann je nach individuellem Zustand und nach Absprache mit dem behandelnden Arzt sinnvoll sein. Ist die Mundschleimhaut infolge der Therapie verletzt, sollten reizende Lebensmittel wie Obstsäfte und stark gewürzte Nahrungsmittel vermieden werden. Stattdessen kann auf weiche, weniger gewürzte Speisen zurückgegriffen werden.

Ist ein Patient bereits vor der Diagnose übergewichtig oder adipös, kann auch das die Therapie und die Gesundheit beeinflussen. Hier gilt es, eine Gewichtszunahme zu verhindern, da sie die Wahrscheinlichkeit für Komplikationen während der Therapie und für Rezidive erhöht. Speziell die unterstützende adjuvante Chemotherapie, aber auch eine körperliche Inaktivität sind hier Risikofaktoren. Eine radikale Gewichtsreduktion ist jedoch nicht zu empfehlen, stattdessen sollten Patienten mit einem BMI über 25 eine moderate Gewichtsabnahme von etwa 1 kg pro Woche anstreben.

Neben den allgemeinen Empfehlungen für eine gesunde Ernährung ist eine ausreichende Proteinzufuhr während der Therapie und in der Erholungsphase sinnvoll. Besonders hochwertiges Protein befindet sich in Hülsenfrüchten wie Kichererbsen oder Bohnen, Nüssen und Samen sowie in Eiern und Fisch.

Um den Körper dabei zu unterstützen, Arzneimittelrückstände über Nieren und Blase wieder ausscheiden zu können, ist eine ausreichende Flüssigkeitsversorgung essenziell. Besonders bei Nebenwirkungen, die einen erhöhten Flüssigkeitsverlust mit sich bringen – beispielsweise Erbrechen, Durchfall und Fieber – ist das relevant. Grapefruits sowie deren Saft sollten während der Therapie möglichst vermieden werden, da sie Stoffe enthalten, die mit den verabreichten Arzneimitteln interagieren könnten. Ähnliches gilt für Multivitaminsäfte. Auch der Alkoholkonsum sollte während der Therapie zumindest stark eingeschränkt werden, um mögliche Wechselwirkungen mit Arzneimitteln zu vermeiden. Auch einige Kräutertees, Grün- oder Schwarztee können mit den verabreichten Arzneimitteln interagieren. Das sollte vor dem Konsum mit dem Arzt abgeklärt werden.

VORSICHT BEI ANTIBIOTIKA-EINSATZ

„Antimikrobielle Resistenz ist eine weltweit wachsende Bedrohung, und wenn wir jetzt nicht mehr unternehmen, dann könnte sie bis 2050 mehr Todesfälle verursachen als Krebs." So die provokante Aussage des EU-Gesundheitskommissars Vytenis Andriukaitis im Juni dieses Jahres. [1] Mit seiner Forderung nach einem vorsichtigeren Einsatz von Antibiotika steht er nicht allein da. Die Arbeitsgemeinschaft wissenschaftlich-medizinischer Fachgesellschaften entwickelte 2014 eine Leitlinie für einen sachgemäßeren Umgang mit Antibiotika in Krankenhäusern. Der Initiator der Leitlinie, Professor Dr. med. Winfried Kern, warnt, dass Ärzte oftmals schon bei einer Erkältung ein Breitspektrum-Antibiotikum verschreiben, und erklärt: „Die Ursachen für die zunehmenden Resistenzen liegen auch im großflächigen Antibiotika-Einsatz in der Tiermast und dem leichtfertigen Gebrauch in Human- und Veterinärmedizin." [2]

WARUM IST EIN ERHÖHTER ANTIBIOTIKA-EINSATZ PROBLEMATISCH?

Antibiotika sind antimikrobielle Substanzen, die im Allgemeinen zur Bekämpfung bakterieller Infektionen wie Tuberkulose oder Lungenentzündung eingesetzt werden. Sie töten die Bakterien ab und verhindern so eine weitere Ausbreitung im Organismus. Wenn sich Bakterien im Gegenzug so verändern, dass das Antibiotikum ihnen nichts mehr anhaben kann, spricht man von „Antibiotika-Resistenz". Diese resistenten Keime werden im Rahmen einer Antibiotika-Behandlung nicht mehr angegriffen und haben so einen Vorteil gegenüber nicht-resistenten Keimen. Sie können sich also noch besser vermehren. Dies gilt gleichermaßen für Tiere wie für Menschen.

Es sind vor allem zwei Ursachen, die zu einer erhöhten Antibiotika-Resistenz in der Bevölkerung führen:

→ zu schnelle und unbedachte Verschreibung von Antibiotika in der Humanmedizin

→ flächendeckender Einsatz von Antibiotika in der Tierhaltung

Einsatz finden auch vermehrt sogenannte Beta-Laktam-Antibiotika. Diese Medikamente sollten eigentlich ein Mittel der letzten Wahl sein und nur dann eingesetzt werden, wenn kein anderes Antibiotikum mehr wirkt. Grund für den zunehmenden Einsatz ist das vermehrte Auftreten von Infektionen mit multiresistenten Keimen, vor allem in Krankenhäusern. Die gehäufte Einnahme dieser sogenannten Reserve-Antibiotika (wie den Carbapenemasen) führt jedoch zur Ausbreitung von Bakterienstämmen, die oftmals auch gegenüber anderen Antibiotika-Gruppen resistent sind. Ein Teufelskreis.

Auch in der Landwirtschaft wird das Thema immer relevanter. Die industrielle Nutztierhaltung, bei der die Tiere auf engem Raum zusammenstehen, fördert die Ausbreitung von Erregern und Infektionen. Um den Erkrankungen der Tiere und den damit verbundenen ökonomischen Einbußen der Landwirte vorzubeugen, werden Antibiotika prophylaktisch verabreicht, oftmals auch bei komplett gesunden Tieren.

Derzeit werden in Deutschland im Zuge der Produktion von günstigem Fleisch im Jahr etwa 837 Tonnen Antibiotika eingesetzt, damit die Tiere die Mastzeit überstehen. Die Menge ist hierbei seit 2011 um etwa die Hälfte gesunken, dafür werden jedoch vermehrt Reserve-Antibiotika eingesetzt, was aufgrund der Bedeutung dieser Antibiotika in der Humanmedizin als kritisch zu bewerten ist.

2011 wurden erstmals auch in der Mastschwein- und Masthuhnzucht Keime nachgewiesen, die gegen Carbapeneme resistent sind. Seither wurden solche Keime immer wieder bei Nutztieren nachgewiesen, und das, obwohl der Einsatz dieser Wirkstoffklasse in der Europäischen Union zur Behandlung von Tieren nicht zugelassen ist. Woher diese Erreger kommen, ist bis dato noch unklar.

Eine intensive Überwachung ist erforderlich, damit das Fleisch solcher Tiere nicht in den Handel gelangt. Durch den Verzehr könnten Verbraucher die Resistenz-Eigenschaften übernehmen und in Folge Probleme bekommen, wenn wichtige Medikamente gegen bakterielle Infektionen nicht mehr wirken. [3]

Antibiotika, die der Leistungs- und Wachstumsförderung dienen, sind in der EU seit 2006 in der Nutztierhaltung verboten. Seit April 2014 gilt zudem das geänderte Arzneimittelgesetz (16. AMG-Novelle), nach dem der Antibiotikaeinsatz ab einer bestimmten Bestandsgröße gemeldet werden muss. Bei einer zu häufigen Antibiotika-Anwendung müssen Maßnahmen zur Reduzierung ergriffen werden [4].

Neben den zunehmenden Resistenzen scheint eine vermehrte Antibiotika-Einnahme im Zusammenhang zu stehen mit dem Auftreten chronisch entzündlicher Darmerkrankungen, Zöliakie, Allergien und Übergewicht. Auch bei der Initiation und Promotion von Tumorerkrankungen könnte der erhöhte Konsum von Antibiotika beteiligt sein. [5]

EXISTIERT EINE VERBINDUNG EINER ERHÖHTEN ANTIBIOTIKA-EINNAHME UND TUMORERKRANKUNGEN?

Die menschliche Mikrobiota ist ein sehr gut ausbalanciertes System verschiedener Bakterienstämme. Ist diese Balance jedoch – beispielsweise durch die wiederholte Einnahme von Antibiotika – gestört, könnte dies zu einem erhöhten Risiko für Dickdarm-, Lungen- und Pankreaskrebs führen, das legen zumindest Studien im Auftrag des American Institute for Cancer Research (AICR) nahe. [6]

Eine finnische Studie von Kilkkinen A et al. zeigte einen Zusammenhang zwischen der Häufigkeit der Einnahme von Antibiotika und der Wahrscheinlichkeit, an Dickdarmkrebs zu erkranken, auf [7]. Auch eine kürzlich erschienene Studie von Cao, Y et al. konnte ein erhöhtes Risiko für Dickdarmkrebs bei einer langfristigen Gabe von Antibiotika aufdecken. Die Gabe von Antibiotika führt hier zumindest zeitweilig zu einer Veränderung der Darm-Mikrobiota, resultierend in einem Verlust an Diversität und einer veränderten Zusammensetzung der Bakterienstämme. Dies erleichtert es unter anderem Pathogenen, sich an der Darmschleimhaut anzusiedeln und so Entzündungen hervorzurufen.

Vor allem die erhöhte Antibiotika-Einnahme im frühen bis mittleren Erwachsenenalter scheint mit einem erhöhten Dickdarmkrebs-Risiko einher zu gehen. [5]

WAS TUN? – DER PRAXIS-TIPP

Vor allem beim Einkauf von Lebensmitteln tierischer Herkunft ist die Lebensmittelauswahl ausschlaggebend. Um Fleisch möglichst kostengünstig zu produzieren, wird leider häufig auf Massentierhaltung zurückgegriffen, bei der Antibiotika gehäuft eingesetzt werden. Der Einkauf von Fleisch, Milch und Eiern aus Betrieben, die ihre Tiere artgerecht und mit genügend Auslauf halten, kann dazu beitragen, weniger Antibiotika und antibiotika-resistente Bakterien mit diesen Lebensmitteln aufzunehmen. Auch Zuchtfische sind übrigens oftmals stark mit Antibiotika belastet.

Ein weiterer Punkt ist eine erhöhte Küchenhygiene, die die Übertragung von Krankheitserregern verhindert.

In der Humanmedizin sollten Dauer und Dosis einer Therapie mit Antibiotika auf ein Minimum begrenzt werden. Ist der Einsatz unumgänglich, hilft eine frühe und gezielte Behandlung mit erregerspezifischen Wirkstoffen.

DIE KRAFT DER LEBENSMITTEL

Es sind zunehmend Fehlentwicklungen in der Produktion und Verarbeitung von Lebensmitteln zu beobachten. Die tägliche Verfügbarkeit einer großen Anzahl von Lebensmitteln scheint die Prozesse bis zum fertigen Produkt in der Weise zu steuern, dass wir Fleisch, Obst und Gemüse sowie Getreideprodukte in minderer Qualität erhalten. Darunter zählen auch Fleischprodukte aus nicht artgerechter Tierhaltung und Fütterung. Hier wird das Nutztier zur Produktionsmaschine degradiert, aus der man immer noch mehr Ertrag herausholen will. Die artgerechte Tierhaltung hingegen orientiert sich an den natürlichen Bedürfnissen der Tiere und nimmt auf ihre angeborenen Verhaltensweisen Rücksicht. Daraus resultieren lebhaftere, gesündere Tiere, die friedfertiger im gegenseitigen Umgang sind. Das gern verwendete Argument, dieses Fleisch schmecke auch besser, sollte nicht das alleinige Kriterium für diese Haltungsform sein. Es geht vielmehr um die Wertschätzung und den Respekt vor anderen Lebewesen. Die Tötung (Schlachtung) von Tieren, ein oft von der Gesellschaft völlig ausgeblendetes Thema, sollte unter strengen Tierschutzrichtlinien erfolgen. Leider ist es Realität, dass in Deutschland immer noch etwa ein Zehntel aller Schweine vor der Schlachtung nicht anständig betäubt und somit lebend gesotten wird und dass bei vielen Rindern der Bolzenschuss sein Ziel verfehlt und diese Tiere somit einen qualvollen Tod erleiden müssen. [1] [2] Der Transport ins Schlachthaus ist auch unter Einhaltung geltender gesetzlicher Bestimmungen für die Tiere oft ein qualvoller, mit Erschöpfung, Dehydration und Stress verbundener Weg. Eine regionale oder gar lokale Schlachtung direkt am Hof würde den Tieren viel Leid ersparen.

Der Respekt vor dem Tier und dessen Tötung relativiert die Frage, ob man mehr rotes oder weißes Fleisch essen sollte. Die Frage ist vielmehr: Soll man überhaupt Fleisch aus nicht artgerechter Haltung essen? Im Hinblick auf die Menge, die man idealerweise zu sich nehmen sollte, ist nicht von einer übermäßigen zusätzlichen finanziellen Belastung auszugehen. Die Antwort ist somit eindeutig: Nein!

Wenn Fleisch, dann sollte auch an ein Nischenprodukt gedacht werden, das die gewünschten Voraussetzungen erfüllt: das Wildfleisch. Die Qualität dieses Fleisches wird durch eine intakte Umwelt und den sicheren Schuss bestimmt. Das Wildschwein ist hierbei mitunter eine Ausnahme, da es ein Opfer der Tschernobyl-Nachwirkungen ist. Hier bringt das Messen der Radioaktivität durch den Jäger schnell Klarheit.

Beim heimischen Fisch bestimmen die Umweltbedingungen die Qualität. Aber auch diese Ressource hat ihre natürlichen Grenzen. So übernehmen verantwortungsvolle Fischzüchter eine wichtige Funktion. Verantwortung bedeutet eine Fischaufzucht ohne Wachstumsverstärker, Antibiotika und künstliche Sauerstoffzufuhr, die den Appetit der Fische ankurbelt, sowie artgerechtes Futter.

Ein sehr gutes Beispiel, dass ein wertvolles Lebensmittelprodukt nicht unbedingt regional gezüchtet werden muss, ist die Garnele. Der ökologische Fußabdruck der Garnele, die nachhaltig in den tropischen Mangrovenwäldern gezüchtet und mit dem Schiffscontainer geliefert wird, ist gegenüber der in München gezüchteten Garnele, die auf Eis mit dem Lkw in Hamburg ankommt, wesentlich günstiger.

Die Milch, die wir täglich trinken, sollte gesund und schmackhaft sein, das heißt, von Kühen, die artgerecht ernährt werden, stammen. Was heißt das im Fall der Kühe? In erster Linie bekommen die Kühe wenig Kraftfutter und sind mindestens 180 Tage auf der Weide. Auch im Winter erhalten diese Kühe genügend Auslauf, Sonne, frische Luft und natürlich Heu. Die Ernährungsmedizin konnte in einer deutsch-englischen Studie, die soeben veröffentlicht wurde, nachweisen, dass Biomilch und Bio-

fleisch 50 % mehr Omega-3-Fettsäuren als konventionelle Produkte enthalten. Biomilch enthält zudem 40 % mehr an gesundheitsfördernder konjugierter Linolsäure (CLA) sowie leicht höhere Anteile an Eisen, Vitamin E und einigen Karotinoiden. [3] [4] [5]

Butter sollte im Idealfall das Produkt dieser Milch sein. Doch selbst wenn das der Fall ist, wird sie von vielen Verbrauchern geschmäht. Das liegt an dem schlechten Ruf der gesättigten Fettsäuren. Unter Einhaltung der täglichen Richtwerte sollte sie jedoch eher als Genuss betrachtet werden denn als Ursache für ein schlechtes Gewissen.

Dass Obst, Gemüse und Getreide aus ökologischer Landwirtschaft kommen sollten, ist nicht nur eine wesentliche Voraussetzung für eine gesunde Ernährung, sondern hat bedingt durch den weitgehenden Verzicht auf synthetische Pflanzenschutzmittel, Mineraldünger und Gentechnik auch nachhaltige Folgen für unsere Umwelt.

Mit dem Thema „Qualität" ist man auch sehr schnell bei der Frage nach der Zulässigkeit von Convenience-Produkten, auf gut Deutsch: Fertiggerichte. Darunter fallen sowohl küchenfertige Gerichte wie Tiefkühlfertiggerichte oder Tiefkühlgemüse, Mischsalat, Backmischungen, Tütensuppen, Kartoffelpüree-Pulver, Instantsaucen, Konserven, marinierter Fisch, als auch Fruchtjoghurt oder Speiseeis – ein riesiger Markt, der sich wachsender Beliebtheit erfreut. Der Erfolg dieser Produkte liegt zum einen daran, dass immer mehr Menschen des Kochens nicht mächtig sind, und zum anderen daran, dass einem von der Werbung suggeriert wird, dass man damit Zeit sparen könne.

Um es kurz zu machen: Beide Argumente sind eine Frage der Lebenseinstellung. Gegen ein gelegentliches gut gefertigtes Convenience-Produkt ist prinzipiell nichts einzuwenden. Ein gutes Beispiel hierfür sind Dosentomaten, weil Tomaten in der Regel ausgereift in der Dose landen und auf diese Weise das ganze Jahr über verfügbar sind. Anders ist es mit Fertigsaucen und Fertiggerichten mit Saucen, die oft ein Exzess aus Salz und Zucker sind: Wer auch nur einmal eine Sauce oder einen Saucenfond fachgerecht selbst zubereitet hat, weiß, dass der Zeitaufwand sich in Grenzen hält und das Ergebnis ungleich befriedigender ist. Auch preislich kommt man mit selbst zubereiteten Saucen meist besser weg.

Als ob es nun nicht schon kompliziert genug wäre, müssen wir dennoch das Thema „Fake-Food" wenigstens kurz erwähnen. Das wohl am häufigsten gefälschte Lebensmittel ist Honig, der aufgrund des weltweiten Bienensterbens immer rarer wird. Diese Art des Herkunftsschwindel ist die häufigste Form des Betrugs. So wird zum Beispiel afrikanischer Spargel als griechischer Spargel ausgegeben oder die Nordseeshrimps stammen in Wahrheit aus Vietnam. [6] Noch perfider, weil oft legal, wird es bei der Namensgebung: Steht „Weißkäse" oder „Weichkäse nach griechischer Art" auf der Packung eines Feta-Käses, ist wahrscheinlich Kuhmilch beigemengt, Eis mit Vanillegeschmack ist eher kein Vanilleeis und die Surimi-Garnele alles andere als eine Garnele. Denn „Surimi" ist zerkleinertes Fischmuskelfleisch mit Geschmacksverstärkern. Weitere Aufzählungen würden den Rahmen dieses Buches sprengen. Die gute Nachricht: Seriöse Institute sind diesem Schwindel auf der Spur und machen ihn den Verbrauchern öffentlich.

Trotz dieser Fülle an Unwegsamkeiten, die nur ein kleiner Ausschnitt sind, möchten wir Sie motivieren, gewissermaßen das Zepter selbst in die Hand zu nehmen. Am Anfang braucht es etwas Zeit, aber Sie werden fündig. Selbst in Großstädten gibt es Angebote, die den in unserem Buch genannten Anforderungen entsprechen. Diejenigen, die am Stadtrand oder sogar auf dem Land wohnen, haben natürlich die große Chance, den einen oder anderen Produzenten vor Ort zu besuchen. Noch ein kleiner Tipp: Versuchen Sie, auch die Produzenten zu unterstützen, die seltene oder vom Aussterben bedrohte Tierrassen züchten oder seltene Gemüse- und Obstsorten oder auch Getreidesorten anbauen. Nur wenn wir diese Tiere, das Getreide, Obst und Gemüse essen, haben die Produzenten auch eine Chance auf Erhalt und Nachhaltigkeit. Sie leisten damit einen wichtigen Beitrag zum Bestehen der genetischen Vielfalt der Nutztierrassen und Nutzpflanzen.

Im nun folgenden Kapitel stellen wir Ihnen ausgesuchte Lebensmittel vor, die in wissenschaftlichen Studien besonders günstige Stoffe zur Hemmung von Tumorentstehung und -wachstum zeigten. Allerdings sei hier noch einmal verdeutlicht: Eine einseitige Ernährung auch mit dem besten Nahrungsmittel wird nicht zum Ziel führen. Die gesunde Ernährung liegt in der Vielfalt.

GEMÜSEKOHL

(BRASSICA OLERACEA)

BOTANIK

Der Kohl gehört zu unseren wichtigsten Kulturpflanzen und entstammt der Gattung der Cruciferae (Kreuzblütler). Für die menschliche Ernährung stehen eine Vielfalt an Kohlgemüsearten wie Rosenkohl, Rotkohl, Grünkohl und Brokkoli, aber auch Rettícharten wie Radieschen oder Meerrettich zur Verfügung. Auch der Senf gehört zu dieser Familie. [1] Ursprünglich kommen die Brassica-Arten aus dem Mittelmeerraum. Als Heilpflanze fand Kohl bereits in der Antike bei der Behandlung von Verletzungen, Magen-Darm-Beschwerden und Infektionen Verwendung. Bis heute hat er seine Bedeutung in der Medizin und Naturheilkunde nicht verloren. So gelten Kohlblätterwickel als entzündungshemmend und wundheilend sowie lindernd bei Gelenkschmerzen. [2] [3]

KREBSRELEVANTE INHALTSSTOFFE

Die meisten Kohlarten sind reich an Glucosinolaten, denen unter anderem antioxidative, antimikrobielle, immunmodulierende und krebshemmende Eigenschaften nachgesagt werden. [4] [5] Zu den bekanntesten Glucosinolaten gehört das Sinigrin, das in Tier- und Zellversuchen hemmende Eigenschaften auf das Tumorwachstum zeigte. Brassica-Arten, die reich an Glucosinolaten sind – zum Beispiel Pak Choi –, zeigten im Tierversuch signifikante antientzündliche und antikanzerogene Eigenschaften und konnten die Anzahl an Dickdarmtumoren senken. [6] Auch auf das Risiko, an Prostata- oder Lungenkrebs zu erkranken, scheint der Verzehr von Kohlgemüse Einfluss zu haben. [1] [7] Neben den Glucosinolaten beinhaltet Kohlgemüse weitere relevante Nährstoffe wie die Vitamine A und K sowie größere Mengen an Vitamin C, Kalzium und Kalium. [8]

BEACHTENSWERTES BEI DER ZUBEREITUNG

Rosenkohl und Grünkohl gelten als typische Wintergemüse, die erst nach dem ersten Frost vollständig ihre charakteristischen Aromen entfalten. Durch starkes Erhitzen, Kochen in zu viel Wasser oder die Zubereitung in der Mikrowelle kann es zur Zerstörung der Glucosinolate kommen. Deshalb wird empfohlen, Kohlgemüse möglichst roh zu konsumieren. Alternativ sollten Sie ihn klein schneiden und dämpfen. Gegen die blähende Wirkung vieler Kohlgemüse helfen Kümmel-, Anis- oder Fenchelsamen (auch als Tee). [1] [4] [9] [10]

BESONDERHEITEN

Glucosinolate liegen in der Pflanze durch Zellwände getrennt von ihrem aktivierenden Enzym Myrosinase vor. Erst wenn die Pflanzenzelle durch Kauen oder Zerschneiden zerstört wird, können aus den beiden Komponenten die bioaktiven Formen der Senföle entstehen. Sie geben dem Kohlgemüse seinen typischen scharfbitteren Geschmack und dienen der Abwehr von Viren, Bakterien und Pilzen – eine Eigenschaft, die auch wir uns zunutze machen können. [2] [5]

TOMATE

(LYCOPERSICON ESCULENTUM)

BOTANIK

Tomaten zählen zur Familie der Nachtschattengewächse (Solanaceae) und gelten aufgrund ihres Aufbaus als Beeren. Der Ursprung der Tomate ist Mittel- und Südamerika. Erst im 16. Jahrhundert kam sie durch die Spanier nach Europa und Anfang des 20. Jahrhunderts auch nach Deutschland. Sie zählt zu den wichtigsten Nutzpflanzen und existiert heutzutage – intensiver Züchtung sei Dank – in unzähligen Varianten und Sorten. [1]

KREBSRELEVANTE INHALTSSTOFFE

Tomaten beinhalten viele sekundäre Pflanzenstoffe wie Karotinoide und Polyphenole, die uns als Antioxidantien nützen, sowie die Vitamine C und E. Besondere Beachtung wird schon längere Zeit dem Lycopin in der Tomate gezollt – ein sekundärer Pflanzenstoff aus der Familie der Karotinoide. Obwohl das Lycopin 2007 noch als schützend vor Prostatakrebs galt, wurde ihm diese Eigenschaft 2014 wieder aberkannt. Es konnte jedoch gezeigt werden, dass ein höherer Konsum lycopinhaltiger Nahrungsmittel mit einer erniedrigten Neoangiogenese und einem niedrigeren Risiko, an letalem Prostatakrebs zu erkranken, einhergeht. [2] Die positive Wirkung lycopinhaltiger Nahrungsmittel konnte bei isoliertem Lycopin jedoch nicht gezeigt werden. Es reicht also nicht, Lycopin über isolierte Nahrungsergänzungsmittel zu sich zu nehmen.

BEACHTENSWERTES BEI DER ZUBEREITUNG

Im Gegensatz zu Vitamin C ist das Lycopin sehr stabil und kann kaum durch hohe Temperaturen oder Verarbeitung zerstört werden. Im Gegenteil: Erst durch Erhitzen und Zerkleinern der Tomate wird die Fruchtzelle aufgeschlossen und das Lycopin besser verfügbar. Hochkonzentriertes Tomatenmark besitzt demnach mehr als dreimal so viel Lycopin als die frische Frucht. Um das fettlösliche Vitamin A besser aufnehmen zu können, empfiehlt es sich, Tomaten mit etwas gutem Pflanzenöl (vornehmlich Olivenöl) zu konsumieren. Eine hervorragende Variante ist die Zubereitung als Tomatensauce mit Olivenöl, Zwiebeln und Knoblauch. Schon der Verzehr von zwei bis vier Portionen Tomatensauce pro Woche konnte Studien zufolge das Risiko, an Prostatakrebs zu erkranken, um bis zu 35 % senken.

BESONDERHEITEN

Sowohl der Stiel als auch die Blätter der Tomatenpflanze beinhalten reichlich Solanin. Das Gift hält Schädlinge von der Pflanze fern und hemmt das Wachstum von Bakterien und Schimmelpilzen. Neben unreifen Früchten beinhaltet auch der Stielansatz der Tomate Solanin, weshalb er vor allem bei Kindern vor dem Verzehr entfernt werden sollte. [1]

HÜLSENFRÜCHTLER

(FABACEAE ODER LEGUMINOSAE)

BOTANIK

Hülsenfrüchtler (auch Leguminosen genannt) gehören zu den artenreichsten Familien der Pflanzenwelt. Die Familie der Fabaceae, zu der sowohl Erbsen, Bohnen und Linsen als auch Sojabohnen und Kichererbsen zählen, umfasst rund 20.000 Arten. Zudem zählen sie zu den ältesten Kulturpflanzen: Bereits 8000 vor Christus ist etwa der Anbau von Erbsen belegt. In Deutschland hat der Anbau von Leguminosen nur geringe Bedeutung, zusammen machen die Anbauflächen unter 10 % der gesamten Fläche für Freilandgemüse aus. Zu den bekanntesten Leguminosen zählen neben Erbsen hierzulande Linsen, Sojabohnen, Kichererbsen und Bohnen. Aber auch die Lupine wird immer beliebter.

KREBSRELEVANTE INHALTSSTOFFE

Hülsenfrüchte sind reich an pflanzlichen Proteinen und somit (nicht nur) für Veganer relevant. Während einer Krebstherapie ist es wichtig, auf eine ausreichende Proteinversorgung zu achten. Unser Körper benötigt das Eiweiß für jede Zelle und jedes Gewebe, es ist essenziell für eine gute Wundheilung (etwa nach einer Strahlen- oder Chemotherapie), für die zelluläre Immunabwehr und für die Aufrechterhaltung unserer Muskulatur, um nur einige Bereiche zu nennen. [1] Daneben sind die meisten Leguminosen reich an sekundären Pflanzenstoffen wie Alkaloide, Saponine und Isoflavone sowie an Ballaststoffen und Folsäure (Vitamin B9). Letztere unterstützt unseren Organismus bei den gesunden Wachstumsprozessen der Zellen sowie bei der Zellteilung und Blutbildung.

Besonders die Sojabohne ist jedoch immer wieder in Verruf geraten. Grund sind ihre Phytoöstrogene, vor allem Genistein und Daidzein. In vielen Empfehlungen liest man, Sojaprodukte sind bei einem hormonabhängigen Brustkrebs zu vermeiden, da sie hormonelle Wirkung entfalten können. Richtig ist: Bei hormonabhängigem Brustkrebs sollte vor allem auf die Aufnahme von Sojasupplementen (Pulver) Abstand genommen werden. Normale Aufnahmemengen von zwei Portionen pro Tag – das entspricht etwa zweimal 250 ml Sojadrink – sind auch bei hormonabhängigem Brustkrebs risikofrei zu konsumieren.

BEACHTENSWERTES BEI DER ZUBEREITUNG

Viele Leguminosen enthalten im rohen Zustand giftige Inhaltsstoffe wie die Eiweißverbindung Phaseoline in Gartenbohnen. Da die wertvollen B-Vitamine jedoch hitzeempfindlich sind und durch langes Kochen zerstört werden, sollten Hülsenfrüchte mit nur kurz gedünstetem Gemüse wie frischem Spinat oder Mangold kombiniert werden. Um möglichst viele der wichtigen Aminosäuren aus den Leguminosen aufnehmen zu können, empfiehlt sich zudem die Kombination mit Getreide, zum Beispiel Reis.

BESONDERHEITEN

Vorsicht ist bei Personen geboten, die an Gicht leiden. Vor allem purinhaltige Hülsenfrüchte wie Erbsen, Dicke Bohnen und Linsen sollten hier vermieden werden. In der Landwirtschaft werden Leguminosen gern angebaut, um den Boden mit Stickstoff anzureichern. Die Wurzeln der Pflanzen gehen hier mit den Bakterien im Boden eine Symbiose ein. Als Dank versorgen die Bakterien die Pflanzen mit dem wichtigen Stickstoff. [2]

INGWER

(ZINGIBER OFFICINALE)

BOTANIK

Ingwer gehört zur Familie der Zingiberaceae (Ingwergewächse). Vor allem der unterirdische Hauptspross des Ingwers, das Ingwerrhizom, ist für die menschliche Ernährung relevant. Der Ursprung der Ingwerpflanze liegt in den feucht-warmen Tropen in Mittel- und Südostasien. Dort wird er seit Jahrtausenden als Heilpflanze geschätzt. [1]

KREBSRELEVANTE INHALTSSTOFFE

Seine charakteristische Schärfe verdankt der Ingwer dem aromatischen Scharfstoff Gingerol. Zudem scheint insbesondere frischer Ingwer antioxidativ und entzündungshemmend zu wirken. Auch eine mögliche krebspräventive Eigenschaft des Ingwers gegenüber Brust- und Dickdarmkrebs wird diskutiert. [2] Der Fokus liegt hier auf den Inhaltsstoffen Gingerol, Shogaol und Paradol. Je nach Herkunft, Lagerung und Zubereitung des Ingwers können die Konzentrationen dieser Inhaltsstoffe stark schwanken. Ebenfalls diskutiert werden mögliche positive Wirkungen des Ingwers auf Herz-Kreislauf-Erkrankungen und Diabetes mellitus. [3]

Ingwer wirkt verdauungsfördernd sowie stoffwechselanregend und kann deshalb bei Appetitlosigkeit Anwendung finden. Eine Tasse frischer Ingwertee vor dem Essen regt die Speichelbildung und die Ausschüttung der Verdauungssäfte an. Traditionell kann Ingwer, auch in Form von Tee, zur Linderung von Magen-Darm-Beschwerden und Übelkeit beitragen. In ersten klinischen Studien führte die Gabe von Ingwer während der Chemotherapie zu einer Minderung der Übelkeit, soweit mit der Einnahme vor der Einleitung der Chemotherapie begonnen wurde. Übelkeit und Erbrechen zählen zu den häufigsten Nebenwirkungen der Chemotherapie. Mögliche Folgen sind Mangelernährung und physische Komplikationen wie ein gestörter Säure-Basen- oder Elektrolythaushalt, was sich wiederum negativ auf den Erfolg der Chemotherapie auswirken kann. [4] [5]

BEACHTENSWERTES BEI DER ZUBEREITUNG

Die Qualität der Ingwerwurzel erkennt man leicht von außen: Ist die Haut hell und glatt, ist auch das Fruchtfleisch prall und saftig. Frischer Ingwer entwickelt eine würzige Schärfe mit leicht süßlicher Note, die an Zitrone erinnert. Je nach Geschmack kann der Ingwer erst zum Ende der Garzeit dazugegeben werden, um so sein fruchtiges Aroma zu bewahren, oder man lässt ihn von Beginn an mitgaren, damit er an Schärfe gewinnt.

BESONDERHEITEN

Einige Medikamente entwickeln eine Wechselwirkung mit den Inhaltsstoffen des Ingwers, deshalb sollte die Packungsbeilage bei gleichzeitiger Einnahme daraufhin kontrolliert werden. In wenigen Fällen führte ein erhöhter Konsum von Ingwer zu Sodbrennen, Blähungen und Übelkeit. [6]

(ZUCHT-)FISCH

DEFINITION

Fische zählen zu den artenreichsten Lebewesen, die für die menschliche Ernährung genutzt werden. Allein in Deutschland stehen uns 500 Fischarten zu Verfügung. [1] Fische werden zwar immer noch häufig aus Wildfang angeboten, der Anteil an Zuchtfisch aus Aquakulturen steigt derzeit jedoch stetig. [2]

KREBSRELEVANTE INHALTSSTOFFE

Fisch enthält viel biologisch hochwertiges, leicht verdauliches Eiweiß. Zudem sind vor allem Fettfische reich an Retinol (Vitamin A) und Vitamin D, das man sonst kaum in Lebensmitteln findet. Auch die B-Vitamine, allen voran Vitamin B12, und Selen kommen im Fischfleisch reichlich vor. Mit einem Fettgehalt von unter 1 % gehören die mageren Fischarten wie Kabeljau oder Flunder zu den fettärmsten tierischen Lebensmitteln überhaupt. Fettfische wie Lachs oder Thunfisch besitzen hingegen einen Fettgehalt, der weit über 10 % liegen kann. Der Fokus der Forschung liegt auf dem hohen Anteil mehrfach ungesättigter, langkettiger Omega-3-Fettsäuren (Docosahexaensäure und Eicosapentaensäure), die in pflanzlichen Lebensmitteln so nicht vorkommen. Eine Hypothese besagt, dass der hohe Gehalt an diesen Fettsäuren entzündliche Prozesse in unserem Körper hemmen und somit sowohl das Risiko als auch das Fortschreiten von Tumoren verringern könnte. [3] Studien beobachteten, dass ein erhöhter Fischkonsum mit einem geringeren Risiko, an Lungenkrebs zu erkranken, in Verbindung gebracht werden kann. [4] Auch das Risiko für Brust- und Leberkrebs verringerte sich so. Bei Prostatakrebs konnte bei einem erhöhten Verzehr von (unverarbeitetem) Fettfisch ein Rückgang der Metastasierungen und der damit assoziierten Sterberate beobachtet werden. [3] Eine 2017 erschienene Arbeit beobachtete zudem eine Verbindung zwischen der Aufnahme von Fisch und einem verringerten Risiko für Gehirntumoren. [5]

BEACHTENSWERTES BEI DER ZUBEREITUNG

So wertvoll er unverarbeitet ist, so gibt es dennoch starke Hinweise darauf, dass Fisch, der durch Salzen oder Trocknen konserviert wurde – sogenannter Stock- oder Klippfisch –, das Risiko für Magenkrebs erhöht. Auch beim Räuchern oder starken Anbraten von Fisch kann es zur Belastung mit karzinogenen polyzyklischen aromatischen Kohlenwasserstoffen (PAHs) kommen.

BESONDERHEITEN

Die DGE empfiehlt ein bis zwei Portionen Fisch pro Woche, wobei 70 g hiervon fettreich sein sollten. [8] Fisch aus nachhaltiger Fischerei sollte dabei bevorzugt werden. Siegel wie das des Marine Stewardship Councils (MSC) und sogenannte Fischkompasse von Organisationen wie WWF oder Greenpeace helfen bei der Orientierung. Sensibilisiert durch zahlreiche Skandale mit Zuchttieren sollte besonders auf die Qualität der Fische geachtet werden. Im Zweifelsfall ist hier die Variante aus ökologischer Haltung immer die klügere Wahl, wenn keine wild gefangenen Tiere angeboten werden.

KURKUMA
(CURCUMA LONGA L.)

Wir möchten Ihnen Kurkuma nicht vorenthalten, obwohl dieses Gewürz in nur wenigen der von uns aufgeführten Rezepte verwendet wird. Die Gründe liegen für uns auf der Hand. Der Vortrag von Prof. Dr. Beatrice Bachmeier im Rahmen unseres Patiententages 2017 wurde mit sehr großem Interesse aufgenommen. Wir hoffen, mit diesem Beitrag von Prof. Dr. Bachmeier eine Grundinformation für alle Interessierten zu vermitteln, möchten aber darauf hinweisen, dass die positiven Ergebnisse momentan nur an einer kleinen Patientenzahl gewonnen werden konnten und diese mit größeren Patientenzahlen endgültig bewiesen werden müssen. Außerdem erreicht man zum Beispiel durch die Verwendung der Kurkumawurzel beim Kochen kaum wirkungsvolle Curcumin-Dosen.

BOTANIK

Die Kurkuma ist ein mehrjähriges Würzkraut, das zu den Ingwergewächsen (Zingiberaceae) zählt und in den tropischen Regionen Asiens weit verbreitet ist. Synonyme sind gelber Ingwer oder Gelbwurz. Die Pflanze wächst bis zu einem Meter hoch und entwickelt im August weiße bis grünliche sowie manchmal auch rötlich-purpurfarbene Blüten, die sich an 12 bis 24 cm langen Blütenstämmen entfalten. Der Wurzelstock (Rhizom) bildet an den Enden Knollen, deren Extrakte weitgehend zum Färben und Würzen von Speisen, aber in der traditionellen chinesischen und indischen Medizin auch zur Heilung verschiedener entzündlicher Erkrankungen verwendet werden. [1]

KREBSRELEVANTE INHALTSSTOFFE

Die bioaktive Komponente der Pflanze ist das Polyphenol Curcumin, das lipophil und damit schwer wasserlöslich ist. Die heilsame antioxidative und antientzündliche Wirkung von Curcumin ist sowohl aus der ayurvedischen als auch aus der traditionellen chinesischen Medizin hinreichend bekannt und wird aktuell durch präklinische Studien belegt. [1] – [5] Darüber hinaus wird Curcumin eine antitumorigene Wirkung zugeschrieben. In diesem Zusammenhang wurde wissenschaftlich belegt, dass Curcumin das Wachstum und die Invasivität der Tumorzellen bei verschiedenen Tumoren in unterschiedlichen Stadien sowie die Metastasenbildung hemmt. [2] [3] Eine antitumorigene Wirkung hat man zum Beispiel bei Karzinomen des Colons, der Brust, der Prostata, des Pankreas, der Lunge sowie dem multiplen Myelom nachgewiesen. [4] Bei der Untersuchung des dabei zugrundeliegenden Wirkmechanismus wurde ein Zusammenhang mit der antientzündlichen Wirkung von Curcumin hergestellt: Diverse Faktoren, die auch bei Entzündungen aktiviert sind, spielen bei der Tumorentstehung und dessen Progression ebenfalls eine Rolle und werden durch Curcumin reguliert. [2] [6] [5]

BEACHTENSWERTES BEI DER EINNAHME

Curcumin ist aufgrund seiner chemischen Struktur schlecht wasserlöslich und deshalb ist die Bioverfügbarkeit sehr begrenzt. In eigenen Studien konnten wir, am Zentrum, im Tiermodell dennoch belegen, dass die alleinige orale Gabe von 1 % Curcumin gemessen am Anteil fester Nahrung ausreicht, um die Metastasenbildung statistisch signifikant zu verhindern. [2] [3] Auch klinische Studien belegen eine antitumorigene Wirkung von Curcumin und damit eine ausreichende Bioverfügbarkeit bei Einnahme von 1 bis 8 g reinem Curcumin am Tag. [7] [8] Die Konzentrationen, die für eine therapeutische Wirkung notwendig sind, übersteigen jedoch die in der mitteleuropäischen Küche verwendeten Mengen, selbst wenn man ein- bis zweimal wöchentlich nach asiatischer

Rezeptur mit Kurkuma oder Curry kocht. Deshalb sollte Curcumin hochdosiert in entsprechenden Präparaten eingenommen werden. Diese Präparate sollten auch Piperin, den Extrakt aus schwarzem Pfeffer, enthalten, da dieser die Bioverfügbarkeit von Curcumin steigert. Curcumin kann bei den meisten Tumoren gleichzeitig zur Chemotherapie oder in Therapiepausen präventiv eingenommen werden. Diverse Studien haben eine unterstützende Wirkung von Curcumin begleitend zur Chemotherapie gezeigt. [9] Von einer Einnahme ist bei östrogenrezeptorpositiven Karzinomen eher abzuraten, da Curcumin in vitro eine östrogenartige Wirkung besitzt. [10] Da es jedoch auch Hinweise gibt, dass Curcumin selbst bei östrogenrezeptorpositiven Tumoren hilfreich sein kann, sind dringend klinische Humanstudien erforderlich, um diesbezüglich Klarheit zu schaffen. Auch die Frage der Wirkkonzentration, der Dosierung und der Nebenwirkungen sollte eingehend in klinischen Studien geprüft werden.

BESONDERHEITEN

Oft wird Curcumin mit Kurkuma verwechselt. Bei Kurkuma handelt es sich um den Rohextrakt, der aus der Knolle der Kurkumapflanze gewonnen wird. Curcumin ist der bioaktive Wirkstoff, der dann aus der Kurkuma chemisch extrahiert wird und präventiv gegen das Entstehen und das Fortschreiten von Erkrankungen aktiv ist. Bei der Auswahl von Präparaten zur präventiven oder therapeutischen Einnahme ist deshalb genau darauf zu achten, wie hoch die Konzentration von Curcumin ist.

ROTES UND VERARBEITETES FLEISCH

DEFINITION

Der Begriff „rotes Fleisch" bezieht sich auf das unverarbeitete Muskelfleisch von Säugetieren wie Rind, Schwein, Ziege, Schaf oder Pferd. Daneben umfasst verarbeitetes Fleisch all jene Produkte, die durch Salzen, Pökeln, Schwefeln, Fermentation oder andere Prozesse zur Verbesserung von Haltbarkeit und Geschmack behandelt wurden. [1]

KREBSRELEVANTE INHALTSSTOFFE

Rotes Fleisch bildet eine gute Quelle für hochwertiges Eiweiß und wichtige Mikronährstoffe wie Eisen, viele B-Vitamine und Zink. Der Fettgehalt variiert stark je nach Tierart, Haltung und Teilstück, besteht aber überwiegend aus gesättigten Fettsäuren, die im Verdacht stehen, die Krebsentstehung zu fördern. Laut dem World Cancer Research Fund (WCRF) steigt mit einem erhöhten Konsum an rotem Fleisch das Risiko für Dickdarm- oder Magentumoren. [2] Auch das Auftreten von Pankreas- und Prostatakrebs scheint mit einem (erhöhten) Fleischkonsum assoziiert, jedoch ist die Datenlage hier nicht eindeutig. [1] Zudem scheint der hohe Anteil an Häm-Eisen die endogene Bildung von kanzerogenen N-Nitrosoverbindungen (NOC) anzuregen. Die gleiche Reaktion zeigte sich bei nitrolisiertem Häm aus gepökeltem Fleisch. Während die Empfehlung für rotes Fleisch lautet, nicht mehr als 500 g pro Woche zu konsumieren, können bei verarbeitetem Fleisch schon weitaus geringere Mengen zu negativen Folgen führen. Prozesse wie Pökeln oder Räuchern regen die Bildung von kanzerogenen Stoffen wie NOC oder polyzyklischen aromatischen Kohlenwasserstoffen (PAK) an; deshalb lautet die Empfehlung, verarbeitetes Fleisch nur in Maßen zu genießen. Rotes Fleisch sollte öfter durch Fisch und pflanzliche Alternativen wie Hülsenfrüchte, Nüsse und eiweißhaltiges Getreide wie Hafer oder Quinoa ersetzt werden. [3]

BEACHTENSWERTES BEI DER ZUBEREITUNG

Zu starkes Erhitzen von Fleisch kann zur Bildung von heterozyklischen (aromatischen) Aminen (HAA) und PAKs führen. Diese gelten als erbgutschädigend und können kanzerogen wirken. Stark verbranntes Fleisch sollte deshalb nicht mehr konsumiert werden. Erste Studien zeigen, dass das Würzen mit Thymian und Oregano die potenziell kanzerogenen Prozesse im Körper verringern kann, auch das Hinzufügen von Knoblauch, Zwiebeln oder Senf kann hilfreich sein. [4] Bei gepökeltem Fleisch sollte jedoch ganz auf das Grillen verzichtet werden, um die Bildung von Nitrosaminen zu verhindern. [5]

BESONDERHEITEN

Besonders sinnvoll hinsichtlich sowohl ethischer als auch gesundheitlicher Ansprüche ist der Verzehr von Wildfleisch. Diese Tiere sind meist weniger Stress ausgeliefert als ihre domestizierten Artgenossen, da sie weder die Prozeduren einer Massentierhaltung noch den unerträglichen Transport zur Schlachterei mitmachen mussten. Zudem besitzt ihr Fleisch einen höheren Gehalt an Vitaminen und Mineralstoffen sowie an hochwertigem Eiweiß und gilt als besonders fettarm. [6] Vorsicht ist bei Wildschweinen geboten, da diese oft noch durch die Katastrophe in Tschernobyl radioaktiv verseucht sind. Das Fleisch wird heutzutage jedoch stets auf Kontaminationen und Trichinenbefall geprüft, bevor es in den Handel kommt.

GEFLÜGELFLEISCH

DEFINITION

Unter Geflügel versteht man alle Vogelarten, die für den menschlichen Verzehr gedacht sind. Man unterscheidet als Nutztier gehaltenes Geflügel wie Huhn, Gans, Ente, Taube, Truthahn und Hauswachtel von Federwild wie Wachtel, Fasan, Rebhuhn, Schnepfe, Wildente oder Perlhuhn. [1] Mit etwa 600 Millionen Masthühnern und 38 Millionen Puten liegt der Konsum von Geflügelfleisch in Deutschland auf Platz zwei aller verzehrten Fleischarten, direkt hinter Schweinefleisch. [2]

KREBSRELEVANTE INHALTSSTOFFE

Ebenso wie rotes Fleisch ist auch Geflügelfleisch reich an hochwertigen Proteinen und hilft somit, den gesteigerten Proteinbedarf während und nach einer OP, Chemo- oder Strahlentherapie zu decken. Im Vergleich zu rotem Fleisch ist es zudem relativ fettarm und enthält eine signifikante Menge (mehrfach) ungesättigter Fettsäuren. Die Geflügelhaut hingegen enthält viele gesättigte Fettsäuren und ist vergleichsweise fettreich. Das Geflügelfleisch ist zudem eine gute Quelle für viele B-Vitamine wie das Vitamin B12 und für Selen, das unter anderem wichtig für die Funktionen des Immunsystems ist. Da das weiße Fleisch nur wenig Häm-Eisen besitzt, gilt es als weniger kanzerogen als rotes Fleisch. Der World Cancer Research Fund (WCRF) empfiehlt deshalb, bei einem regelmäßigen Fleischkonsum rotes Fleisch öfter durch Fisch oder Geflügel zu ersetzen. Unter anderem konnte ein vermindertes Risiko für Speiseröhrenkrebs beobachtet werden, wenn ein Großteil des Fleischkonsums mit weißem Fleisch gedeckt wurde. Auch das Risiko, an Brustkrebs zu erkranken, sank durch die Substitution von rotem durch Geflügelfleisch. Relevant ist hierbei jedoch, dass der Fleischkonsum insgesamt die empfohlenen 500 g pro Woche nicht überschreitet. Bei verarbeitetem Geflügelfleisch gestaltet sich die Empfehlung ähnlich der für rotes Fleisch. Auch hier führen Pökeln, Räuchern und derartige Prozesse zur Bildung potenziell kanzerogener Stoffe. [3] [4] [5]

BEACHTENSWERTES BEI DER ZUBEREITUNG

Mastgeflügelfleisch ist leider immer noch häufig mit antibiotikaresistenten Keimen wie dem methicillinresistenten Staphylococcus aureus (MRSA) kontaminiert – eine Folge des massenhaften Einsatzes von Antibiotika in der konventionellen Landwirtschaft. Bei Bioprodukten kommen weniger Antibiotika zum Einsatz, deshalb findet man hier auch seltener antibiotikaresistente Keime, dafür aber Bakterien wie Listerien oder den Durchfallerreger Campylobacter. Geflügelfleisch sollte deshalb immer gut durchgebraten und nicht zu lange warm gehalten werden. Für das Schneiden von rohem Fleisch und Rohkost sollte zudem eine gesonderte Unterlage benutzt werden, um die Bakterien und Keime nicht zu übertragen. [6]

Ein weiterer Punkt ist die weitgehende Überzüchtung der Masthühner und die Hochleistungen der Legehennen. Die „Perfektion“ der einseitigen Nutzung von Hühnern resultiert im Leid der kaum überlebensfähigen Hennen und dem Töten der ungewollten männlichen Küken. Überlegungen führen hin zum tierfreundlicheren Zweinutzungshuhn, das die geschlechterspezifischen Vorteile beider Geschlechter in die Tierhaltung einbaut (Näheres unter anderem unter: zweinutzungshuhn.de).

BEERENOBST

BOTANIK

Botanisch gesehen ist die Beere eine Frucht, die aus einem einzigen Fruchtknoten hervorgegangen ist. Sie besitzt Samen und ein fleischiges Perikarp (Fruchtgehäuse). Davon abgegrenzt zeichnet sich das Beerenobst durch Mehrjährigkeit und seine Essbarkeit aus. Viele Pflanzenarten wie Bananen, Tomaten oder auch Kürbisse zählen demnach botanisch zur Familie der Beeren, jedoch nicht zum Beerenobst. Im folgenden Text beziehen wir uns auf Beerenobst wie Apfelbeere (Aronia), Blau-, Brom- oder Erdbeere, Holunder-, Johannisbeere oder Himbeere und Moosbeere (auch Cranberry) oder Sanddorn. [1]

KREBSRELEVANTE INHALTSSTOFFE

Beeren beinhalten reichlich Ballaststoffe, Vitamine und sekundäre Pflanzenstoffe wie Polyphenole und Flavonoide wie Anthocyane. Diese bioaktiven Stoffe unterstützen unseren Organismus beim Schutz vor UV-Strahlung, Umweltschadstoffen und Pathogenen (Krankheitserreger). Die Antioxidantien vieler Beeren schützen uns wahrscheinlich vor Zellschädigungen. Leider sind hierfür bisher zu wenige Humanstudien durchgeführt worden, um diese Theorie eindeutig zu belegen. In Tierstudien konnte eine chemopräventive und entzündungshemmende Wirkung verschiedenster Beerenarten hinsichtlich Speiseröhrenkrebs ausgemacht werden. Bezogen auf Brusttumoren schien der Konsum von Beeren das Risiko zu senken und gleichzeitig bei bereits vorhandenem Tumor Einfluss auf Apoptose und Wachstum zu nehmen. Zudem wirkte sich der Konsum von Beerenobst positiv auf Tumoren des Mundraums, des Magens und der Lunge sowie auf Prostatakrebs aus. In klinischen Studien verhinderte der Verzehr von 60 g Erdbeeren täglich die Tumorgenese. Humanstudien zeigten zudem eine signifikante Verminderung des Tumorwachstums bei Dickdarmkrebs und positive Effekte auf die Regulierung der Apoptose und der Neoangiogenese. Die Studienteilnehmer bekamen hierbei vier Wochen lang täglich 20 g Pulver aus gefrorenen schwarzen Himbeeren (entspricht etwa 600 g frischer Beeren). Studien mit einem Extrakt aus schwarzen Johannisbeeren zeigten einen positiven Effekt auf die Mikrobiota des Dickdarms. Auch hier konsumierten die Probanden etwa 600 g Johannisbeeren pro Tag. Zusammengefasst lässt sich festhalten: Obwohl exakte Rückschlüsse auf die genauen Wirkungsmechanismen häufig fehlen, zeigt sich im Ganzen ein positiver Effekt durch den Konsum von Beerenobst auf die verschiedensten Prozesse der Tumorentstehung wie oxidativer Stress, Entzündungen und weitere Signalwege. [2]

BEACHTENSWERTES BEI DER ZUBEREITUNG

Getrocknetes Beerenobst enthält nur noch wenige Vitamine. Deshalb sollten frische Früchte bevorzugt werden. Außerhalb der Saison können auch eingefrorene Beeren konsumiert werden.

BESONDERHEITEN

Die Studienergebnisse legen nahe, dass es nicht die einzelnen Inhaltsstoffe an sich sind, sondern die Kombination aller, die für den gesundheitlichen Nutzen der Beeren verantwortlich ist. Der Verzehr möglichst vieler verschiedener Beerenarten scheint deshalb eine sinnvolle Herangehensweise. Die AICR empfiehlt, insgesamt vier bis fünf Portionen pro Woche zu konsumieren. [3]

KNOBLAUCH
(ALLIUM SATIVUM)

BOTANIK

Knoblauch zählt zu den ältesten Gewürz- und Heilpflanzen der Welt. Bereits im alten Ägypten wurden seine heilenden Eigenschaften im medizinischen „Papyrus Ebers" (155 vor Christus) beschrieben. Er gehört zur Gattung der Liliengewächse und ist eng mit der Zwiebel und Laucharten wie Schnittlauch, Bärlauch und Porree verwandt. [1]

KREBSRELEVANTE INHALTSSTOFFE

Vor allem die schwefelhaltigen Inhaltsstoffe (Sulfide) des Knoblauchs stehen im Fokus der Krebsforschung. Allen voran das Alliin, das die Pflanze vor Fressfeinden schützen soll. Erst durch die Zerstörung der zellulären Strukturen kommt die enzymatische Reaktion in Gang und das inaktive Alliin wird in seine biologisch aktive Form Allicin umgewandelt. Diese wirkt unter anderem entzündungshemmend und antimikrobiell. In Studien konnte ein langfristiger Konsum von etwa 100 g Lauchgemüse (Zwiebeln, Porree, Schnittlauch oder Knoblauch) pro Woche das Risiko für Magenkrebs signifikant senken. Der World Cancer Research Fund (WCRF) spricht in seinem Report von 2016 von einem überzeugenden Beweis, dass das Risiko, an Darmkrebs zu erkranken, durch den Verzehr von Knoblauch gesenkt werden kann. Auf andere Krebsarten wie Mund-Rachen- und Speiseröhrenkrebs sowie auf Prostata- und Nierentumoren wirkte sich ein erhöhter Konsum von Knoblauch ebenfalls positiv aus. Allerdings sind hier die Zusammenhänge weniger konsistent. Neben den Sulfiden enthält Knoblauch viel Selen, das unsere Zellen vor oxidativer Zerstörung schützt. [2] [3] [4]

Auch beim Grillen von Fleisch ist Knoblauch ein guter Begleiter: Die Entstehung der potenziell kanzerogenen heterocyclischen Amine (HCA) durch zu starkes Erhitzen von Fleisch kann durch die Zugabe von Knoblauch vermindert werden. Neueste Untersuchungen legen zudem nahe, dass die Bildung von krebserregenden Nitrosaminen durch den Konsum von etwa 5 g Knoblauch pro Tag stark reduziert wird. [5]

Von hochdosierten Knoblauchpräparaten als vorbeugende Einnahme und vor allem während der Krebstherapie wird dennoch abgeraten, da es zu gefährlichen Wechselwirkungen kommen kann.

BEACHTENSWERTES BEI DER ZUBEREITUNG

Da das Alliin erst durch die Zerstörung der Zellwände in seine aktive Form umgewandelt werden kann, sollte man die Knoblauchzehe zunächst mit einem Messer zerquetschen und vor der Weiterverarbeitung etwa 10 Minuten ruhen lassen. So werden die meisten Reaktionen in Gang gesetzt und der gesundheitliche Nutzen ist am größten. Diese Methode setzt auch die meisten ätherischen Öle frei, die für den knoblauchtypischen Geruch verantwortlich sind. Das Erhitzen der ganzen Knoblauchzehe wiederum verhindert die enzymatischen Reaktionen und das Alliin verbleibt in seiner inaktiven Form. Ob der Knoblauch im Rohzustand oder gekocht gesünder ist, ist schwer zu sagen. Am besten, Sie bringen auch hier Abwechslung in Ihre Küche. [6]

DURCH ENTSPANNUNG IN DIE KRAFT DER SPANNUNG

Die Diagnose und die Behandlung einer Tumorerkrankung rufen oftmals Stressreaktionen wie Unruhe, Angst, muskuläre Anspannung, Schlaf- und Konzentrationsstörungen hervor. Die beste Ernährung kann diese verständlichen Reaktionen nicht auflösen, weshalb es manchmal sinnvoll ist, persönliche Strategien zur Stressbewältigung zu finden.

WAS SIND ENTSPANNUNGSÜBUNGEN?

Wir können grundsätzlich aktive Entspannungstechniken von alltäglichen Entspannungssituationen unterscheiden.

Beide Formen der Entspannungsstrategien helfen, die natürlichen Spannungs- und Entspannungszustände in ein ausgewogenes Verhältnis zu bringen und stärken die Toleranz gegenüber Stress.

BEISPIELE FÜR ENTSPANNUNG IM ALLTAG SIND:

→ Spaziergänge oder Sport in der Natur

→ Ausübung von Hobbys

→ Hören von aufbauender Musik und kulturelle Aktivitäten

→ (gemeinsames) Zubereiten und Verzehr schmackhafter Mahlzeiten

ZU DEN FORMELLEN ENTSPANNUNGSÜBUNGEN ZÄHLEN (STARK EINGESCHRÄNKTE AUSWAHL):

→ Progressive Muskelentspannung nach Jacobsen (PMR)

→ Autogenes Training (AT)

→ Achtsamkeitstraining Mindfulness-based Stress Reduction (MBSR)

→ Bewegungsübung Qigong aus der traditionellen chinesischen Medizin (TCM)

BRAUCHEN WIR TATSÄCHLICH ENTSPANNUNGSÜBUNGEN?

Nicht unbedingt. Je nach persönlicher Disposition reagieren wir unterschiedlich auf eine Tumordiagnose. Nehmen Sie bei sich belastende Stresssymptome wahr, sollten Sie sich mit der Thematik „Stress" auseinandersetzen und geeignete Entspannungsmethoden finden. Denn neben dem verbesserten seelischen Befinden in Form von Ruhe und Gelassenheit weisen einige Forschungsergebnisse vorsichtig auf eine verbesserte Verträglichkeit einer Tumortherapie hin. So könnten sich die behandlungsbedingte Leistungseinschränkung, Fatigue [1] oder Übelkeit [2] im „entspannten Zustand" verbessern. Übelkeit und Erbrechen lassen sich sogar mit so einfachen Mitteln wie der gezielten Auswahl von Musik verbessern. [3] [4]

IM UMGANG MIT ENTSPANNUNGSÜBUNGEN

→ Manchmal genügt schon ein ausführliches offenes Gespräch mit Ihrem Onkologen, um fehlende Informationen zu erhalten, die zu unnötiger Unruhe und Verunsicherung beigetragen haben.

→ Erkennen und vermeiden Sie entbehrliche Belastungen!

→ Nutzen Sie die Kraft der Natur! [5]

→ Lernen Sie Ihre persönlichen Stressreaktionen kennen! Eine einfache, strukturierte Analyse mit beispielsweise dem 3-Ebenen-Stresstest gibt Ihnen Aufschluss über Ihre Stressreaktionsmuster (muskuläre Verspannung, emotionale Reaktion oder hormonelle Impulse) und darüber, welche alltagstaugliche Entspannungstechniken für Sie geeignet sind.

→ Probieren Sie verschiedene Methoden aus und praktizieren diese mindestens dreimal pro Woche. Viele Krankenkassen oder Krebsberatungsstellen bieten Kurse an.

→ Um nicht unnötig verunsichert zu werden, wählen Sie Entspannungsmethoden, die Ihrem Wertesystem oder Glauben entsprechen. Interessant ist in diesem Zusammenhang, dass offenbar ein gelebter Glaube an sich gesundheits- und wohlbefindenstärkende Effekte – bis hin zu krebsvorbeugender Wirkung – haben kann. [6]

→ Lassen Sie sich spätestens bei Vorliegen von ausgeprägten Stressreaktionen bis hin zu Depressionen oder Angstattacken ärztlich und/oder psychoonkologisch behandeln!

BEWEGUNG

— BEITRAG VON PROF. DR. SCHÖNBERG —

„Sport" und „Krebs" sind zwei Begriffe, die auf den ersten Blick nicht recht zusammenpassen wollen. Denn Krebs wird mit einer schweren Erkrankung, einer Einschränkung der körperlichen Leistungsfähigkeit und einer Verkürzung der Lebenszeit gleichgesetzt. Gleichwohl konnte trotz dieses scheinbaren Widerspruchs in den vergangenen Jahren sehr überzeugend gezeigt werden, dass Krebs und Sport eng zusammenhängen. Tatsächlich wirkt körperliche Bewegung – in Maßen durchgeführt – nicht nur vorbeugend gegen Krebs. Auch nach einer Krebsdiagnose kann Sport die Lebensqualität und den Verlauf der Erkrankung positiv beeinflussen und die Heilungstendenz stärken.

Körperliche Aktivität verbessert – wie in vielen Untersuchungen bestätigt – die Prognose bei den häufigsten Tumorerkrankungen: Brust-, Dickdarm- und Prostatakrebs. Weitere Tumorerkrankungen werden ebenfalls bezüglich des Krankheitsverlaufs positiv beeinflusst, die Daten sind jedoch nicht immer eindeutig. Diese Erkenntnis hat zu einem völligen Umdenken bei der Behandlung von Krebspatienten geführt und heute empfehlen viele Fachgesellschaften und Kommissionen generell bei Krebserkrankungen einen körperlich aktiven Lebensstil.

Welche körperliche Aktivität ist in welcher Intensität sinnvoll? Aus Untersuchungen wissen wir, dass moderater, also „angenehmer" Sport und körperliche Aktivität in den meisten Fällen positiver wirken, als sich beim Sport zu erschöpfen. Entscheidend ist die Regelmäßigkeit. Es ist besser, sich regelmäßig zu bewegen, als sich ein- oder zweimal die Woche auszupowern. Ein gutes und richtiges Maß der körperlichen Aktivität ergibt sich unter Zuhilfenahme der sogenannten MET-Tabelle (siehe Tabelle, mithilfe des metabolischen Äquivalents wird der Energieverbrauch verschiedener Aktivitäten verglichen). Jede körperliche Aktivität über einer Stunde ergibt die entsprechenden MET-Werte. Sie können sich also das Training à la carte aussuchen und müssen nicht immer eine Stunde aktiv sein – eine halbe Stunde kann ausreichen.

Es zeigt sich, dass bei den sehr gut untersuchten Tumorentitäten Brust-, Colon- und Prostatakrebs bereits neun MET pro Woche die Prognose der Erkrankung um etwa 30 % verbessern.[1] [2]

Neun MET entsprechen etwa dreimal pro Woche eine Stunde etwas Spazierengehen (4 km/h). Doch diese Aktivität kann man immer wieder mit anderen Aktivitäten (Rasen mähen, Schwimmen etc.) kombinieren. Grundvoraussetzungen, dass ein solches Bewegungsprogramm gelingt, sind eine positive Motivation und Freude an der angenehmen Bewegung.

Kombiniert man eine ausreichende körperliche Aktivität mit einer gesunden Ernährung im Sinne einer gesteuerten Wunschkost, scheint sich der positive Effekt beider Lebensstilelemente zu verstärken. Bei Brustkrebspatientinnen konnte in einer gut organisierten Studie gezeigt werden, dass Sport und eine Ernährung mit viel Obst und Gemüse die Prognose um über 40 % verbessern. [3] Richtige Ernährung und viel Bewegung sind daher wichtige Partner um unseren Körper während der Therapie bestmöglich zu unterstützen.

SPORTART	MET
→ Basketball	6
→ Eislaufen	7
→ Fußball	7
→ Gartenarbeit	5
→ Golf	4,5
→ Gymnastik	4
→ Hockey	8
→ Joggen	
niedrige Intensität (ca. 8 km/h)	8
moderate Intensität (ca. 10 km/h)	10
hohe Intensität (ca. 12 km/h)	12
→ Klavierspielen	2,5
→ Radfahren	
niedrige Intensität (ca. 19 km/h)	6
moderate Intensität (ca. 22 km/h)	6
hohe Intensität (ca. 32 km/h)	16
→ Rasen mähen	5,5
→ Segeln, Hobbie Cat	3

SPORTART	MET
→ Schwimmen	
niedrige Intensität	6
moderate Intensität	7
hohe Intensität	10
→ Skiabfahrt, niedrige Intensität	5
→ Skilanglaufen	
niedrige Intensität	7
moderate Intensität	8
hohe Intensität	9
→ Stretching	2,5
→ Tanzen	4,5
→ Tennis	7
→ Walken	
niedrige Intensität (ca. 4 km/h)	3
moderate Intensität (ca. 5 km/h)	4
hohe Intensität (ca. 6 km/h)	5
→ Wandern	6
→ Wassergymnastik	4
→ Yoga	2,5

(KREBS-)DIÄTEN

In regelmäßigen Abständen befragen uns Tumorpatienten nach neuen Krebsdiäten, die das Wachstum des Tumors hemmen oder den Tumor gar aushungern sollen. Die Gedanken dahinter sind durchaus nachvollziehbar: Wenn etwa ein Drittel der Krebserkrankungen durch eine ausgewogene Ernährungsweise, körperliche Aktivität und ein gesundes Gewicht verhindert werden könnte, dann müsste doch im Umkehrschluss eine strenge Diät mit festen Regeln dazu beitragen, den Krebs zu bekämpfen.

Die gute Nachricht ist: Es gibt durchaus etwas, was wir tun können, um das Risiko (erneut) an einem Tumor zu erkranken, zu senken. Der Verzehr von drei bis vier Portionen nicht-stärkehaltigem Gemüse wie Brokkoli, Spinat, Tomaten oder Kohlsorten und ein bis zwei Portionen Obst wie frische Him- oder Heidelbeeren am Tag sowie ein hoher Anteil an Ballaststoffen in der Ernährung ist ein wichtiger Schritt in die richtige Richtung. Auch regelmäßige körperliche Bewegung, am besten in der frischen Luft, ist beim Schutz vor Krebserkrankungen essenziell. Dazu der weitgehende Verzicht auf verarbeitetes Fleisch, zu viel Salz und stark verarbeitete oder gesüßte Lebensmittel und Nahrungsergänzungsmittel. [1]

Dass klingt alles nicht nach Wundermitteln. Und natürlich ist es nachvollziehbar, wenn es sich besser anfühlt, ganz aktiv etwas gegen den Krebs unternehmen zu können – zum Beispiel mit einer restriktiven Diät, die die Krebszellen bekämpft. Die Realität gestaltet sich jedoch so, dass durch die Restriktionen eher der eigene Körper als der Tumor ausgehungert wird. Viele der sogenannten Krebsdiäten beruhen auf Erkenntnissen aus Zell- und Tier-versuchen und konnten bisher nicht auf den menschlichen Organismus übertragen werden.

Das gilt ebenfalls für die häufig erwähnte ketogene Diät, bei der weitgehend auf Kohlenhydrate verzichtet werden soll. Hier rät die Arbeitsgemeinschaft Prävention und Integrative Onkologie (PRiO) eindeutig ab. Es existiert keine kontrollierte Humanstudie, die auf eine antitumorale Wirkung dieser Ernährungsweise schließen lassen könnte. Im Gegenteil besteht hier wie bei vielen Krebsdiäten die Gefahr der Mangelernährung und des Untergewichts – zwei reale Bedrohungen, die direkte Auswirkungen auf die Gesundheit der Patienten und den Therapieerfolg haben können. [2]

FASTEN BEI EINER TUMORERKRANKUNG – IST DAS SINNVOLL?

In letzter Zeit häufen sich die Meldungen in den Medien, dass Fasten einen günstigen Einfluss auf den Verlauf einer Tumorerkrankung haben könnte.

WAS BEDEUTET FASTEN?

Fasten ist der freiwillige Verzicht auf feste Nahrung und Genussmittel für eine begrenzte Zeit.[1] Vor allem im angelsächsischen Kulturraum wird der Begriff „fasting" jedoch auch für den nur teilweisen Verzicht auf feste Nahrung oder einzelne Genussmittel wie Zucker oder Alkohol benutzt.

Unser Organismus ist auf den zeitweisen Entzug von Nahrung ohne gesundheitliche Nachteile eingestellt und das wird willentlich im Kontext von Fastenkulturen mit religiös-spiritueller oder medizinisch-therapeutischer Zielsetzung genutzt. Bei richtig durchgeführtem Fasten besteht eine gute Leistungsfähigkeit ohne Hungergefühl. [1]

WELCHE FORMEN DES FASTENS GIBT ES?

Im Laufe der Zeit hat sich eine Vielzahl von Fastenkuren entwickelt, die bekanntesten Varianten hierzulande sind das Heilfasten nach Dr. med. Otto Buchinger [2] und die Therapie nach Dr. med. F. X. Mayr. [3] Neuere Formen des Fastens (eher des Entlastens) sind das in den USA entwickelte intermittierende Fasten, bei denen beispielsweise an zwei Tagen pro Woche die Kalorienaufnahme auf 500 kcal (Frauen) oder 600 kcal (Männer) reduziert wird. [4]

FASTEN UND TUMORERKRANKUNG

Seit Längerem wird vermutet, dass kurzfristiges Fasten einen günstigen Effekt auf die Vermeidung einer Tumorerkrankung haben könnte. Das kann mit der Verminderung entzündungsfördernder Marker im Blut zu tun haben. [5]

Kurzzeitfasten während einer Chemotherapie kann darüber hinaus die Therapie respektive den Verlauf der Erkrankung günstig beeinflussen. Erste Studien hierzu an Zellen und Tieren waren vielversprechend. [6] [7]

Erste klinische Studien am normalgewichtigen Menschen zeigten, dass das kurzzeitige Fasten offenbar risikoarm ist, Nebenwirkungen am Blutbild abschwächen kann [8] oder die Müdigkeit reduziert [9].

Viele Forschungsanstalten, wie die von Prof. Dr. Andreas Michalsen in Berlin, sind auf dem Gebiet „Kurzzeitfasten während der Chemotherapie" aktiv und suchen immer wieder interessierte Studienteilnehmer. [10]

EMPFEHLUNGEN IM UMGANG MIT FASTEN BEI TUMORERKRANKUNGEN

- → Kurzzeitiges Fasten – etwa 36 Stunden vor Beginn bis 24 Stunden nach Beendigung der Chemotherapie – könnte bei einigen Chemotherapien hilfreich sein.
- → kein längeres Heilfasten unter aktiver Tumortherapie
- → vor jeder Fastenentscheidung kompetente medizinische Beratung und Begleitung einholen
- → Insbesondere gilt das bei geschwächtem Allgemein- oder Ernährungszustand sowie bei Mangelernährung!

FRÜHLING

„Vom Eise befreit sind Strom und Bäche …" Wer kennt es nicht, das wunderbare Gedicht von Goethe? Der Wonnemonat Mai, seit eh und je der Liebe und den Blumen gewidmet, erweckt unsere Lebensgeister nach der Winterpause. Wer jetzt die Gelegenheit hat, Landpartien zu unternehmen oder dem Stadtpark einen Besuch abzustatten, kann das Farbenspiel von Schneeglöckchen, Krokussen, Narzissen, Magnolien und Tulpen bewundern und ein wenig später Flieder und Seidelbast in freier Natur erleben. Wild-und Nutztiere laben sich an den ersten Sonnenstrahlen und den frischen Wiesengräsern oder dem Getier in der weichen, feuchten Erde. Die Blüte der Obstbäume lässt auf eine reiche Ernte hoffen. Rundum findet ein Fest der Sinne statt!

So sollte auch unser Augenmerk jetzt auf die Gemüsearten und Kräuter des Frühlings fokussiert sein. Dazu gehören vor allem Bärlauch, Spargel, Radieschen, junger Spinat (ab April aus dem Freilandanbau), Mairettich, Schnittlauch, Karotten, Kohlrabi, Basilikum, Gemüsezwiebeln und Blattsalate, um nur einige zu nennen. Ist beim Fleisch der Maibock (Rehbock, der im Mai geschossen wird) das Nonplusultra, sind es beim Fisch der Skrei (der Kabeljau der Lofoten) und die Forelle. Nicht zu vergessen, dass nun erst die Legesaison der Rassehühner beginnt! Viele Menschen meinen, dass Eierlegen ein normale 365-Tage Aktivität der Hennen ist. Doch das ist nur bei Hybridhühnern möglich, die 95% des Hühnerbestandes in Deutschland ausmachen. Eine Diversifizierung wäre auch in diesem Punkt angeraten. Allerdings geht die Fokusierung auf diese Sorte zu Lasten der Tiere. Als Schlagwort sei hier die Tötung der männlichen Küken zu nennen.

Achten Sie beim nächsten Einkauf auf Frühlingsprodukte, die zur Jahreszeit passen und die dank der Nährstoffe in dieser Saison nicht nur gesünder sind, sondern auch besser duften und intensiver schmecken und durch kürzere Transportwege die Umwelt schonen!

BÄRLAUCHSÜPPCHEN

VEGETARISCH

— VON ANNA MATSCHER —

Das feinste Aroma besitzt der Bärlauch im Frühling, deshalb sollte man die jungen Blätter in dieser Zeit genießen. Die gesundheitsfördernden Eigenschaften des Bärlauchs waren bereits den Römern bekannt, die ihn „Herba salutaris“, Gesundheitskraut, nannten. Hierzulande wird er aufgrund seines starken Knoblauchgeruchs auch „Waldknoblauch“ genannt. Der intensive Geruch verschwindet beim Kochen jedoch weitgehend.

4 PORTIONEN

30 MINUTEN

ZUTATEN

FÜR DEN FOND
1 Zwiebel
1 Karotte
1 Selleriestange
1 Stange Lauch
Salz
frisch gemahlener schwarzer Pfeffer

FÜR DIE BÄRLAUCHPASTE
100 g frischer Bärlauch
20 g frische Petersilie
30 g Sauerrahm
evtl. etwas Gemüsefond oder
pflanzliche Alternative

ZUBEREITUNG

1. Die Zwiebel abziehen, die Karotte schälen, Sellerie und Lauch putzen und waschen. Das Gemüse klein schneiden, in einen Topf geben und mit 1 l Wasser auffüllen. Alles zusammen 30 Minuten köcheln lassen. Anschließend mit Salz und Pfeffer abschmecken und pürieren, eventuell zusätzlich durch ein Sieb passieren.

2. Für die Paste Bärlauch und Petersilie waschen und trocken schütteln. Den Bärlauch grob schneiden, die Petersilienblättchen von den Stängeln zupfen. Bärlauch, Petersilie und Saure Sahne im Mixer pürieren, eventuell mit etwas Gemüsefond verdünnen.

3. Die Bärlauchpaste – je nach Geschmack – unter den Fond mischen, die Suppe in tiefen Tellern anrichten und servieren. Guten Appetit!

TIPPS

Für eine vegane Variante kann die Saure Sahne durch Olivenöl ersetzt werden.

Um die kräftige grüne Farbe zu erhalten, sollte die Bärlauchpaste erst kurz vor dem Servieren zum Fond gegeben werden.

INFO

Suppen passieren unseren Magen sehr schnell, weshalb sie zu einer geringeren Sättigung führen. Sie sind besonders bei einer Mangelernährung und ungewolltem Gewichtsverlust zu empfehlen. Hier kann die angegebene Menge Sauerrahm gern erhöht werden. Auch bei Schluckbeschwerden eignen sich Suppen gut, um dennoch Vitamine und Mineralstoffe aufzunehmen. Bärlauch besitzt vor allem Vitamin C und Antioxidantien wie Flavonoide und Karotinoide. Zudem soll er bei Appetitlosigkeit und Magen-Darm-Beschwerden helfen. In zu großen Mengen verzehrt kann er jedoch zu Magenreizungen führen.

NÄHRWERTE pro Portion

48 kcal / 2 g E / 3 g F / 2 g B

VEGE TARISCH

TORTELLONI MIT BÜFFELRICOTTA UND SCHMORTOMATEN

— VON ANNA MATSCHER —

Die etwas größeren Tortelloni findet man im Vergleich zu den kleinen Tortellini vor allem in Norditalien. Als typische Füllung verwendet man häufig Ricotta oder Mascarpone und ein Blattgemüse (zum Beispiel Spinat). In diesem Gericht geben die aromatischen Schmortomaten den Tortelloni den richtigen Pfiff. Statt Büffelricotta kann natürlich auch normaler Ricotta verwendet werden, geschmacklich unterscheiden sich diese Varianten jedoch enorm, da der Büffelricotta viel mehr Aroma besitzt und deutlich intensiver schmeckt.

4 PORTIONEN **2 STUNDEN**

ZUTATEN

FÜR DIE FÜLLUNG
½ mehligkochende Kartoffel, mit Schale gekocht
250 g Büffelricotta, abgetropft
Salz

FÜR DIE SCHMORTOMATEN
4 Tomaten
etwa 25 g frische Kräuter
(je ½ TL Thymian und Rosmarin,
je 1 EL Basilikum und Petersilie)
2 Knoblauchzehen, abgezogen und gehackt
Salz, 1 EL Olivenöl

AUSSERDEM
Nudelteig (siehe Seite 160/161)
frisch geriebener Parmesan zum Bestreuen

ZUBEREITUNG

1. Für die Füllung: Kartoffel schälen, durch ein Sieb pressen und unter den Ricotta mischen. Nach Belieben salzen.

2. Den Nudelteig mit einer Nudelmaschine fein ausrollen und in Vierecke mit 7 x 7 cm Kantenlänge schneiden. Die Füllung in die Mitte der Vierecke geben und die Ränder mit einem Pinsel mit Wasser befeuchten.

3. Die Tortelloni formen und in kochendem Salzwasser garen. Hierbei möglichst zügig arbeiten, damit der Teig nicht austrocknet.

4. Für die Schmortomaten den Backofen auf 150 °C Ober-/Unterhitze vorheizen. Die Tomaten blanchieren und häuten, das Fruchtfleisch vierteln, entkernen und auf ein Backblech legen.

5. Mit fein gehackten Kräutern und Knoblauch würzen, salzen, mit Olivenöl beträufeln und im Ofen 1 ½ Stunden schmoren lassen.

6. Die Tortelloni mit den restlichen fein gehackten Kräutern und den Schmortomaten in Olivenöl schwenken. Auf Tellern anrichten und mit Parmesan bestreut servieren.

INFO

Besonders nach der (Chemo-)Therapie benötigt der Körper viel hochwertiges Protein, um zu regenerieren. Büffelmilch ist vor allem bei Mangelernährung empfehlenswert, da sie doppelt so viel Fett und mehr Nährstoffe besitzt als Kuhmilch.

NÄHRWERTE pro Portion

643 kcal / 29 g E / 29 g F / 8 g B

RAVIOLI MIT AUBERGINENFÜLLUNG

VEGE
TARISCH

— VON ANNA MATSCHER —

Die botanisch zu den Beeren zählende Frucht gehört zur Familie der Nachtschattengewächse. Deshalb finden sich auch bei der Aubergine – ähnlich wie bei Tomate und Kartoffel – erhöhte Solaninmengen am Stielansatz und an unreifen Stellen. Dieses Alkaloid führt in hohen Dosen zu Kopfschmerzen und Übelkeit bis zu Vergiftungserscheinungen. Den Zweitnamen „Eierfrucht“ verdankt die Aubergine übrigens ihrem ursprünglich gelblich-weißen Aussehen, ähnlich einer Eierschale.

4 PORTIONEN

2 STUNDEN

ZUTATEN

FÜR DIE FÜLLUNG
2 Auberginen
1 Schalotte
2 Knoblauchzehen
1 ½ EL Olivenöl
Salz
ca. 1 EL fein geschnittenes Basilikum

AUSSERDEM
Nudelteig (siehe Seite 160/161)
Schmortomaten (siehe Seite 52)

ZUBEREITUNG

1. Die Auberginen schälen und in kleine Würfel schneiden.

2. Die Schalotte und die Knoblauchzehen abziehen und fein hacken. In einer Pfanne 1 EL Olivenöl erhitzen, Schalotten und Knoblauch darin leicht anschwitzen. Die Auberginen dazugeben, salzen und bei geringer Temperatur zusammenfallen lassen. Anschließend etwas vom fein geschnittenen Basilikum dazugeben.

3. Den Nudelteig sehr fein ausrollen und die Auberginenfüllung mit einem Teelöffel in regelmäßigen Abständen auf den Teig geben. Die Ränder und die Zwischenräume um die Füllung mit etwas Wasser befeuchten und mit einer zweiten Nudelteiglage bedecken.

4. Mit einem Ausstecher 7 cm große Kreise ausstechen. Die Ränder mit etwas Wasser bestreichen, zusammenklappen und zu Ravioli formen.

5. Die Ravioli kurz in kochendem Salzwasser garen und mit Schmortomaten sowie dem restlichen Basilikum in ½ EL Olivenöl schwenken. Alles zusammen auf Tellern anrichten.

TIPPS

Das Salzen der Auberginen entzieht ihnen das Wasser, deshalb sollte es zu Beginn dazugegeben werden, damit die Auberginen gut zusammenfallen.

Damit das Basilikum seine Farbe nicht verliert, sollte es erst kurz vor dem Servieren hinzugefügt werden.

INFO

Dank des hohen Fettgehalts ist dieses Gericht gut geeignet zur Kräftigung, etwa nach einer Operation oder bei Gewichtsverlust. Die Aubergine enthält reichlich Anthocyane, die vermutlich durch ihr antioxidatives Potenzial zum Schutz vor Krebs und Herz-Kreislauf-Erkrankungen beitragen können. Die vielen Bitterstoffe in der Aubergine fördern den Gallenfluss und tragen somit zu einer besseren Verdauung bei.

NÄHRWERTE pro Portion

614 kcal / 24 g E / 29 g F / 9 g B

VEGETARISCH

TORTELLINI MIT BROKKOLI-GUACAMOLE-FÜLLUNG

— VON ANNA MATSCHER —

Der eigentliche Kopf des Brokkolis besteht aus vielen kleinen Blütenknospen. Frisch und grün, so wird er bevorzugt verzehrt, es gibt ihn aber auch in Violett, Gelb oder Weiß. Die Erntezeit hierzulande beginnt im Juni und endet erst im November. Sowohl Brokkoli als auch Zucchini besitzen sehr viel Kalzium, deshalb ist dieses Gericht besonders wertvoll für Menschen mit einem Mangel an diesem Mineralstoff und zur Vorbeugung vor Osteoporose.

4 PORTIONEN

40 MINUTEN

ZUTATEN

FÜR DIE GUACAMOLE
2 Köpfe Brokkoli
Salz
4 EL Olivenöl
100 ml Gemüsefond (siehe Seite 150)

FÜR DIE MARINIERTEN ZUCCHINI
1 Zucchini
1 EL Kapern (aus dem Glas)
1 EL fein gehackter Koriander
1 EL Olivenöl
Rotweinessig
Salz

AUSSERDEM
Nudelteig (siehe Basis-Nudelteig, S. 160/161)

ZUBEREITUNG

1. Für die Guacamole: Brokkoli putzen, klein schneiden und im Salzwasser 5 Minuten köcheln lassen. Zum Erhalt der grünen Farbe anschließend sofort kurz in Eiswasser blanchieren.

2. Brokkoli mit 4 EL Olivenöl, Gemüsefond und Salz in den Mixer geben.

3. Die Zucchini waschen und in ganz feine Streifen schneiden. Die Kapern hacken. Zucchini, Kapern und Koriander mit dem restlichen Olivenöl, Rotweinessig und Salz marinieren.

4. Den Nudelteig ganz fein in der Nudelmaschine ausrollen und mit einem Ausstecher 7 cm große Kreise ausstechen. Die Guacamole mit einem Teelöffel in die Mitte der Kreise geben.

5. Die Ränder mit Wasser anfeuchten und zu Tortellini formen. Kurz in kochendem Salzwasser garen und auf den Tellern mit den marinierten Zucchinistreifen anrichten.

INFO

Beim Brokkoli liegt vor allem der Inhaltsstoff Sulforaphan im Fokus der Wissenschaft. Dieser soll das Tumorwachstum verlangsamen und die Chemotherapie wirkungsvoller werden lassen. Um das Sulforaphan nicht zu zerstören, sollte Brokkoli nur kurz gedämpft werden. Brokkoli beinhaltet zudem viel Vitamin C und unterstützt somit das Immunsystem.

NÄHRWERTE pro Portion

567 kcal / 20 g E / 28 g F / 8 g B

EIWEISS REICH

BRUSCHETTA MIT FORELLE UND TOMATENVIELFALT

— VON ANNA MATSCHER —

Die Forelle zählt zu den Lachsfischen und ist eine der bekanntesten heimischen Fischarten. Im Vergleich zum Lachs besitzt sie einen relativ geringen Fettgehalt. Je nach Lebensraum unterscheidet man Meer-, Bach- und Seeforelle. Während die Bachforelle mit 0,5 bis 2 kg relativ klein bleibt, können ausgewachsene Meer- und Seeforellen bis zu 15 kg schwer werden.

4 PORTIONEN

30 MINUTEN

ZUTATEN

600 g Forelle
Salz
Cayennepfeffer
3 EL Olivenöl
4 Scheiben Weißbrot (je etwa 5 x 5 cm)
frisches Basilikum
verschiedene Tomaten (z. B. Johannisbeere, Dattelwein, grüne Fleischtomate, weiße Schönheit)
1 TL Balsamicoessig (10 Jahre alt)
2 EL Kapern (aus dem Glas), fein gehackt

ZUM GARNIEREN
Rettichschoten
Olivenöl
Basilikum

ZUBEREITUNG

1. Den Backofen auf 200 °C Ober-/Unterhitze vorheizen.

2. Die Forelle abbrausen, trocken tupfen, filetieren, salzen und nach Geschmack mit Cayennepfeffer würzen. In einer Pfanne 1 EL Olivenöl erhitzen, je nach Dicke die Forellenfilets darin 5–10 Minuten anbraten. Dann herausnehmen, auf ein Gitter legen und im Ofen 8 Minuten garen.

3. In der Zwischenzeit das Weißbrot in ½ EL Olivenöl auf beiden Seiten knusprig braten. Basilikum waschen, trocken schütteln, die Blättchen abzupfen und in feine Streifen schneiden. Die Tomaten waschen, grob würfeln und in einer Mischung aus restlichem Olivenöl, Balsamicoessig, Kapern, Cayennepfeffer und Salz marinieren.

4. Die Weißbrotscheiben in die Mitte der Teller legen und die marinierten Tomaten daraufgeben. Die Forellenfilets auf den Tomaten platzieren und alles mit klein geschnittenen Rettichschoten, Olivenöl und Basilikum garnieren.

NÄHRWERTE pro Portion

386 kcal / 39 g E / 15 g F / 4 g B

TIPPS

Für ein besonders feines Aroma kann das leicht gebräunte Weißbrot mit etwas frischem Knoblauch eingerieben werden, bevor die Tomaten daraufgelegt werden.

Eine Alternative zur Forelle ist Zander.

Das Gericht lebt von der Aromenvielfalt der Tomaten. Deshalb ist es wichtig, verschiedene Tomaten mit unterschiedlichsten Aromen und hervorragender Qualität zu verwenden.

INFO

Fische besitzen eine große Menge an biologisch hochwertigem Eiweiß, das bei der Aufrechterhaltung der Muskelmasse hilft. Daneben enthalten sie signifikante Mengen an mehrfach ungesättigten Fettsäuren sowie die Vitamine B12 und B6 – damit unterstützen sie Nervenfunktionen und Abwehrkräfte.

Tomaten sind reich an Karotinoiden, besonders Lycopin, dem – zusammen mit anderen Inhaltsstoffen der Tomate – krebspräventive Eigenschaften zugeschrieben werden. Aufgrund des hohen Säuregehalts sollten Tomaten bei Entzündungen der Mundschleimhaut nicht roh verzehrt werden.

KALORIEN REICH

EIWEISS REICH

MILLEFEUILLE VON KNÖDELSCHEIBEN UND MAIBOCKRAGOUT

— VON ANNA MATSCHER —

Pünktlich am 1. Mai beginnt die Jagd auf den einjährigen Maibock. Viele Forstbetriebe schützen so ihre Wälder, da die jungen grünen Triebe der neuen Bäume gern von Rehen angeknabbert werden. Wildfleisch stammt per se meist von freilaufenden Tieren, denen zudem die Schikanen einer herkömmlichen Schlachtung erspart geblieben sind. Am besten fragen Sie beim regionalen Landesjagdverband nach hochwertigem Wildfleisch.

6–8 PORTIONEN   1,5 STUNDEN

ZUTATEN

FÜR DAS RAGOUT
500 g Maibockschulter
2 Karotten
1 Zwiebel
1 Stück Lauch
3 Knoblauchzehen
Olivenöl
½ TL Tomatenmark
1 EL Weizenmehl (Type 405)
ca. 200 ml Gemüsefond
1 getrocknetes Lorbeerblatt
Salz
Wildgewürz

FÜR DIE KNÖDEL
200 g altbackenes Brot
150 ml lauwarme Milch (3,5 %) oder pflanzliche Alternative
2 Eier (Größe M)
Salz
frisch geriebene Muskatnuss
40 g weiche Butter oder Olivenöl

ZUBEREITUNG

1. Die Maibockschulter abbrausen, trocken tupfen und in kleine Würfel schneiden. Die Karotten schälen, die Zwiebel abziehen und jeweils in Würfel schneiden. Den Lauch putzen, waschen und klein schneiden. Die Knoblauchzehen abziehen und ebenfalls klein schneiden.

2. In einem Topf etwas Olivenöl erhitzen. Erst Karotten und Zwiebeln darin anrösten, dann das Fleisch dazugeben und etwas Farbe annehmen lassen.

3. Das Tomatenmark und etwas Mehl hinzu-

fügen und mit dem Gemüsefond aufgießen. Dann Lauch, Knoblauch und das Lorbeerblatt dazugeben. Mit Salz und Wildgewürz abschmecken und 1 Stunde köcheln lassen.

4. Das Brot für die Knödel in Würfel schneiden, mit der Milch vermengen und etwa 5 Minuten ziehen lassen. Eier, Salz und Muskat dazugeben. Kräftig durchmischen und etwa 10 Minuten ziehen lassen.

5. Die Masse zu einer Rolle formen, in eine nasse Serviette wickeln und 20 Minuten in kochendem Salzwasser garen.

6. Knödel aus dem Wasser nehmen, etwas abkühlen lassen, in feine Scheiben schneiden und in der Butter goldgelb anbraten. Die Knödelscheiben mit dem Maibockragout zu einem Millefeuille schichten und servieren.

TIPP

Die angegebene Menge ergibt eine sehr große Portion. Die Reste können jedoch gut eingefroren werden. Alternativ kann das Rezept auch auf die Hälfte reduziert werden.

INFO

Dieses Gericht hat einen besonders hohen Eiweißgehalt, deshalb ist es gerade für Patienten während der Therapie zu empfehlen. Doch auch in der Regenerationsphase benötigt der Körper viel hochwertiges Eiweiß. Das Fleisch von Wildtieren ist im Vergleich zu domestizierten Tieren fettarm, dafür jedoch reich an hochwertigem Eiweiß. Zudem weist es ein günstigeres Verhältnis von gesättigten und ungesättigten Fettsäuren auf. Dennoch gilt: Der Fleischkonsum sollte insgesamt nicht mehr als 500 g pro Woche betragen. Verarbeitete Produkte wie Wurst oder Schinken sind nur in Maßen empfehlenswert.

NÄHRWERTE pro Portion

748 kcal / 58 g E / 21 g F / 8 g B

KALORIEN ARM

SOBA MIT FRÜHLINGSGEMÜSE

— VON TOHRU NAKAMURA —

Buchweizen ist im Grunde gar kein Getreide, sondern gehört wie auch Quinoa und Amaranth zu den sogenannten Pseudo-Getreidearten. Sie bilden stärkehaltige Körner, enthalten aber kein Klebereiweiß (Gluten). Er wird vor allem in China, Russland und der Ukraine angebaut, in kleineren Mengen aber auch in Deutschland.

4 PORTIONEN

35 MINUTEN

ZUTATEN

8 Minikarotten (ca. 160 g)
100 g frische Erbsenschoten
4 Stangen Frühlingszwiebeln (ca. 120 g)
8 Mairüben (ca. 160 g)
4 Mini-Rote-Bete (ca. 80 g)
ca. 500 ml Dashi (siehe Seite 153)
250 g Sobanudeln (aus dem Asialaden)
Salz
1 EL Sesamöl

ZUBEREITUNG

1. Das Gemüse putzen und in Stücke schneiden.

2. Die verschiedenen Gemüsesorten nacheinander in die Dashi Brühe geben, mit den festeren Sorten beginnen, später Frühlingszwiebeln und Erbsenschoten hinzufügen, und zusammen garen.

3. Die Sobanudeln in kochendem Salzwasser nach Packungsanleitung kochen, durch ein Sieb abgießen und mit etwas Sesamöl vermengen.

4. Die Sobanudeln flach in einer Suppenschale verteilen und das Gemüse mittig darauf anrichten. Mit der Dashi, die auch zum Garen des Gemüses verwendet wurde, aufgießen.

INFO

Durch die vielen Gemüsesorten beinhaltet dieses Gericht zahlreiche Vitamine, Mineralstoffe und sekundäre Pflanzenstoffe sowie Ballaststoffe. Wissenschaftliche Studien zeigen: Der Verzehr von Gemüse und Ballaststoffen senkt das Risiko für Herz-Kreislauf- und Tumor-Erkrankungen. Besonders gut ist die präventive Wirkung in Bezug auf Dickdarmkrebs belegt. Ballaststoffe helfen unter anderem, schädliche Stoffe zu binden und aus dem Körper heraus zu transportieren.

NÄHRWERTE pro Portion

306 kcal / 10 g E / 4 g F / 9 g B

VEGE TARISCH

GERSTENRISOTTO MIT SPARGEL

— VON ANNA MATSCHER —

Neben Einkorn und Emmer war die wilde Gerste eine der ersten gezielt von Menschen angebauten Getreidesorten. In Tibet gilt sie als Grundnahrungsmittel und wird als heilsames Tsampa als Tee, Brei oder Brot verzehrt. Die wilde Variante besitzt um einiges mehr an Vitaminen und Mineralstoffen, hierzulande werden Gerstenkörner jedoch häufig abgeschliffen und als Perlgraupen verkauft.

4 PORTIONEN

75 MINUTEN

EINWEICHZEIT ÜBER NACHT

ZUTATEN

200 g wilde Gerste
6 Stangen weißer Spargel
Salz
1 Schalotte
1 TL Olivenöl
10 frische Morcheln
weiche Butter oder Olivenöl
frisch geriebener Parmesan
frische fein gehackte Wildkräuter

ZUBEREITUNG

1. Die Gerste in einem Sieb waschen und über Nacht in Wasser einweichen.

2. Den Spargel schälen und in Würfel schneiden. Für den Spargelfond die Schalen in ausreichend Wasser geben, salzen und etwa 30 Minuten kochen lassen.

3. Die Schalotte abziehen und in kleine Würfel schneiden. In einer Pfanne das Olivenöl erhitzen und die Schalotten darin anschwitzen. Die Gerste in ein Sieb abgießen, abtropfen lassen, zu den Schalotten geben und wie ein Risotto unter Rühren 30–40 Minuten garen. Dabei nach und nach den Spargelfond dazugeben.

4. In der Zwischenzeit die Morcheln waschen, vierteln und in Butter anschwitzen. Dann beiseitestellen.

5. Die Morcheln zur Gerste geben und mit etwas frisch geriebenem Parmesan, Butter, Wildkräutern und Salz abschmecken. Auf Tellern servieren.

NÄHRWERTE pro Portion

214 kcal / 12 g E / 12 g F / 9 g B

TIPPS

Die wilde Gerste ist besonders reich an Mineralstoffen. Sollte jedoch keine wilde Gerste zur Verfügung stehen, kann auch auf normale Gerste zurückgegriffen werden.

Alternativ zu den frischen Morcheln können auch getrocknete verwendet werden. Diese sollten jedoch über Nacht in Wasser eingeweicht werden.

Wer Alkohol verträgt, kann die Morcheln auch mit etwas Madeira ablöschen, um so ein noch besseres Aroma zu erzielen.

INFO

Diese Risottovariante ist sehr viel kalorienbewusster als das klassische Rezept mit Rundkornreis. Zudem dient die Gerste durch ihren hohen Gehalt an Beta-Glucan der Prävention ernährungsbedingter Krankheiten wie Diabetes, Darmkrebs oder Herz-Kreislauf-Erkrankungen. Neben den Vitaminen C und E ist in Spargel reichlich Kalium und Folsäure enthalten. Besonders den schwefelhaltigen Sulfiden werden antibakterielle und krebshemmende Eigenschaften zugesprochen. Einzig Personen mit Nierenerkrankungen sollten vor dem Genuss von Spargel mit ihrem Arzt sprechen, da sich die anregende Wirkung negativ auf die Nierentätigkeit auswirken könnte.

SOMMER

Jetzt duftet alles noch intensiver! Die Farbpalette der Blüten wird um das Rot und Rosa der Rosen ergänzt, und das intensive Gelb der Sonnenblumen und Rapsfelder sowie das Blau der Iris erinnert an die Bilder von Vincent van Gogh. Wer Glück hat, kann im Juni die leider selten gewordenen Glühwürmchen, auch Johanniskäfer genannt, bei der Hochzeit beobachten, die meistens bei einer Schönwetterlage gefeiert wird. Der „Spargelsilvester" am 24. Juni, der das Ende der Spargelzeit bezeichnet, läutet zugleich auch die Saison der langersehnten hiesigen Freiland-Erdbeeren und Johannisbeeren ein. Letztere Frucht macht übrigens gerade Karriere als SuperFood.

Der Juli ist dann der Heumonat. Die Teilnahme an diesem Ereignis bleibt zwar eher der Landbevölkerung vorbehalten, aber da der Juli auch ein Urlaubsmonat ist, ist dem einen oder anderen Stadtbewohner bestimmt der einzigartige und typische Heuduft, der dann in der Luft liegt, vertraut. In diesen Monat fallen auch die „Hundstage", vom 23. Juli bis zum 23. August. Der Begriff „Hundstage" ist astrologisch abgeleitet, dennoch herrscht oft in dieser Zeit eine „Hundehitze". Im August erfolgt dann die Getreideernte, und die Früchte der Obstbäume werden von den letzten intensiven Sonnenstrahlen gewärmt.

In der Küche finden nun sonnengereifte Erdbeeren, Kirschen, Gurken, Mangold, Fenchel, Bohnen und Tomaten, um nur einige der zahlreichen Sommergemüse und -früchte zu nennen, ihren Platz. Probieren Sie die vielen verschiedenen Geschmäcker der einzelnen Sorten. Zum Glück sind immer mehr Bauern daran interessiert, die traditionelle Vielfalt zu pflegen und zu erhalten.

Jetzt ist die Zeit zum Genießen und Entspannen!

VEGE
TARISCH

EIWEISS
REICH

KICHERERBSENCREME EINE HUMMUS-VARIATION

— VON ECKART WITZIGMANN —

Die berühmte orientalische Bohnenart Kichererbse wird im Mittelmeerraum schon seit 8000 Jahren angebaut. Auch in Deutschland gibt es einen Samenfund aus der Römerzeit und Hildegard von Bingen empfiehlt die Kichererbse als leichte, angenehme Speise.

4 PORTIONEN

20 MINUTEN

ZUTATEN

350 g Kichererbsen (aus dem Glas)
100 g Tofu Natur
2 Frühlingszwiebeln
2 frische Champignons
1 Knoblauchzehe
2 EL Sojasauce
3 EL Sesamöl
1 EL Tahin (Sesampaste)
2 EL Zitronensaft
1 EL Obstessig
Cayennepfeffer
gemahlener Kümmel
rosenscharfes Paprikapulver
Salz

AUSSERDEM
Filo- oder Yufkateig
Olivenöl
Currypulver
gemahlener Kreuzkümmel
Honig zum Beträufeln

ZUBEREITUNG

1. Kichererbsen in ein Sieb abgießen, abbrausen und abtropfen lassen. Den Tofu ausdrücken und zerkleinern. Die Frühlingszwiebeln putzen und klein schneiden. Die Champignons behutsam putzen und klein schneiden. Die Knoblauchzehe abziehen und würfeln. Alles mit den restlichen Zutaten im Mixer pürieren.

2. Gut zu Hummus passen Yufkarauten: Den Backofen auf 170 °C Ober-/Unterhitze vorheizen. Filoteig glatt auslegen, die einzelnen Schichten mit Olivenöl bestreichen und mit Currypulver und gemahlenem Kreuzkümmel würzen.

3. Eine Schicht mit Honig beträufeln. Danach mit einem Blatt Filoteig bedecken. Glatt streichen. Mit einem Ausstecher Rauten ausstechen und im vorgeheizten Ofen auf der mittleren Schiene goldgelb backen. Nicht zu lange backen, da die Filoteigrauten sonst bitter werden.

INFO

Tofu und Kichererbsen sind wertvolle Eiweißlieferanten. Neben vielen Nährstoffen enthalten Hülsenfrüchte wie Kichererbsen und Sojabohnen viele Saponine. Diese gehören zur Gruppe der sekundären Pflanzenstoffe und dienen der Pflanze unter anderem aufgrund ihres oft bitteren Geschmacks als Abwehrstoffe. Möglicherweise wirken sie der Entstehung von Dickdarmkrebs entgegen. Der wissenschaftliche Beleg steht noch aus. Daneben sind cholesterinsenkende und das Immunsystem stimulierende Wirkungen bekannt. Weitere Quellen für Saponine sind Spinat, Spargel und Hafer.

NÄHRWERTE pro Portion

207 kcal / 10 g E / 12 g F

VEGE TARISCH

TOMATENSUPPE MIT GERÖSTETEM CIABATTABROT

— VON ANNA MATSCHER —

Die Tomatensuppe ist einer der großen Klassiker der italienischen Küche. In dieser Variation bringt der Lauch – neben der geschmacklichen Bereicherung – dank seiner vielen sekundären Pflanzenstoffe einen zusätzlichen gesundheitlichen Nutzen. Die Schärfe des Peperoncino kurbelt den Stoffwechsel an und bringt so Schwung in die Küche.

4 PORTIONEN

1 STUNDE

ZUTATEN

8 Fleischtomaten
½ Stange Lauch
1 EL Olivenöl plus etwas Olivenöl zum Beträufeln
1 kleines Bund Basilikum
2 Knoblauchzehen
1 Peperoncino (Chilischote)
Salz
frisch gemahlener schwarzer Pfeffer
100 g Ciabatta
eventuell etwas Gemüsefond

ZUBEREITUNG

1. Die Tomaten in kochendem Wasser blanchieren, die Haut abziehen und das Fruchtfleisch in Stücke schneiden. Den Lauch putzen und waschen. In einem Topf etwas Olivenöl erhitzen, den Lauch darin anschwitzen, etwas Wasser dazugeben und weich schmoren lassen.

2. Das Basilikum waschen, trocken schütteln und die Blättchen abzupfen. Etwa vier Fünftel der Tomaten und zwei Drittel des Basilikums zum Lauch geben, kurz aufkochen lassen und anschließend aufmixen.

3. Die Knoblauchzehen abziehen und klein würfeln. Die Peperoncino putzen, waschen und in feine Ringe schneiden. Restliche Tomaten, Knoblauch und Peperoncino in den Topf geben, salzen und pfeffern und 30 Minuten köcheln lassen.

4. Anschließend das Ciabatta in kleine Stücke schneiden, in Olivenöl anrösten, dazugeben und weich werden lassen. Sollte die Suppe zu dick sein, etwas Gemüsefond dazugeben.

5. Die Suppe in Tellern anrichten, mit dem restlichen Basilikum garnieren und einen Tropfen Olivenöl darübergeben.

TIPPS

Das Ciabatta sollte nicht zu frisch sein, am besten schmeckt es, wenn Sie es etwas antrocknen lassen, bevor es geröstet wird.

Dieses Gericht lebt vom Aroma der Tomaten, verwenden Sie deshalb unbedingt aromatische Sorten. Bevorzugen Sie gerade im Sommer heimische Tomaten, da sie reif geerntet wurden und somit viel mehr Aroma besitzen.

INFO

Tomaten sind reich an Karotinoiden, besonders Lycopin, dem – zusammen mit anderen Inhaltsstoffen der Tomate – krebspräventive Eigenschaften zugeschrieben werden. Aufgrund des hohen Säuregehalts sollten Tomaten bei Entzündungen der Mundschleimhaut nicht roh verzehrt werden. Auch mit scharfen Gewürzen wie Peperoncino ist in diesem Fall Vorsicht geboten.

NÄHRWERTE pro Portion

172 kcal / 4 g E / 4 g F / 4 g B

CONSOMMÉ VON DER ROTEN BETE MIT MEERRETTICH-NOCKEN

— VON ANNA MATSCHER —

Frischer Meerrettich – auch Kren genannt – ist nicht jedermanns Sache. Viele meiden seine Senföle, die stark Augen und Nase reizen. Andere wiederum preisen seinen großen gesundheitlichen Nutzen. Er wirkt antibakteriell, husten- und schleimlösend, zudem enthält er viel Vitamin C und B-Vitamine.

4 PORTIONEN **2 STUNDEN**

ZUTATEN

FÜR DIE CONSOMMÉ
1 kg Rote Bete, geschält
Wurzelgemüse (1 kleine Zwiebel, 1 Karotte, ½ Knolle Sellerie), abgezogen bzw. geschält
1 kg Rindsschulter (beim Metzger faschieren lassen)
1 Zweig frischer Thymian
1 Zweig frischer Rosmarin
getrocknete Wacholderbeeren
schwarze Pfefferkörner
Meersalz

FÜR DIE MEERRETTICH-NOCKEN
1 TL weiche Butter oder Olivenöl
100 g Ziegenfrischkäse
1 Ei (Größe M)
2 TL Meerrettich-Saft (frisch gepresst; alternativ Meerrettich aus dem Glas)
Salz
50–70 g Weißbrot (2 Tage alt), entrindet und gerieben

ZUBEREITUNG

1. Für die Consommé die Rote Bete und das Wurzelgemüse in kleine Würfel schneiden. Das Fleisch dazugeben und alles mit Kräutern, Gewürzen und Salz vermischen. Mit kaltem Wasser bedecken und etwa 2 Stunden köcheln lassen. Hierbei zu Beginn einmal mit einem Pfannenwender das abgesetzte Eiweiß vom Topfboden kratzen und danach köcheln lassen. Durch ein Sieb abgießen und nochmals abschmecken.

2. Für die Meerrettich-Nocken Butter, Ziegenfrischkäse, Ei, Meerrettich und Salz zusammen in den Mixer geben und das geriebene Brot untermischen. Aus dem Teig Nocken formen und in kochendem Salzwasser 10 Minuten garen.

3. Die Nocken in tiefen Tellern in der Consommé anrichten.

TIPPS

Die angegebene Menge an Consommé in diesem Rezept ist sehr groß. Es bietet sich hier jedoch an, etwas auf Vorrat herzustellen und einzufrieren. Dieser Grundstock passt zu vielen Gerichten.

Zum Formen der Nocken ist es hilfreich, den Löffel immer wieder in lauwarmes Wasser zu tunken. So bleibt der Teig nicht am Löffel kleben.

Die Nocken können sehr scharf abgeschmeckt werden, so passen sie gut zum süßlichen Aroma der Consommé.

INFO

Die kräftige Rindfleisch-Consommé wirkt gerade für Patienten mit Schluckbeschwerden und Mangelernährung stärkend. Zudem bietet der Ziegenfrischkäse eine Quelle für leicht verdauliche Proteine, die ebenfalls bei Mangelernährung empfehlenswert sind.

Die Senfölglykoside im Meerrettich wirken stark antibakteriell, deshalb gilt Meerrettich als gutes Hausmittel bei Erkältungen, Infektionen und Blasenentzündungen. Einige Studien deuten zudem auf tumorhemmende Eigenschaften der Senfölglykoside hin.

NÄHRWERTE pro Portion

128 kcal / 8 g E / 6 g F / 2 g B

KALORIEN ARM

VEGE TARISCH

KICHERERBSENEINTOPF MIT GEMÜSE

— VON ECKART WITZIGMANN —

Die ursprünglich vor allem im Orient beliebten und weit verbreiteten Kichererbsen werden auch in anderen Regionen zunehmend populär. Sie sind eine wichtige Zutat für zahlreiche Gerichte, etwa Hummus, aber auch für Currys und Eintöpfe. Ihr Eigengeschmack ist vergleichsweise mild. Sie harmonieren deshalb gut mit kräftigen Gewürzen vom Kreuzkümmel bis zu frischen Kräutern.

4 PORTIONEN

50 MINUTEN

ZUTATEN

700 g Kichererbsen (aus dem Glas)
1 rote Paprikaschote
1 gelbe Paprikaschote
4 Tomaten
2 kleine Zucchini
2 Zwiebeln
2 Knoblauchzehen
10 EL Olivenöl
Salz
frisch gemahlener schwarzer Pfeffer
1 TL mildes Paprikapulver
½ gehackte Pfefferschote
1 TL Abrieb von 1 unbehandelten Zitrone
1 TL Madras-Currypulver
Ingwerpulver
½ Bund frische Petersilie
½ Bund frisches Basilikum

ZUBEREITUNG

1. Kichererbsen in ein Sieb abgießen, das Wasser dabei auffangen, abbrausen und abtropfen lassen. Paprikaschoten waschen, halbieren und putzen. Hälften schälen und in Würfel schneiden.

2. Tomaten blanchieren, häuten, entkernen und vierteln. Zucchini waschen und in Scheiben schneiden. Zwiebeln und Knoblauchzehen abziehen und fein würfeln. In einem Topf 5 EL Öl erhitzen, Zwiebeln und Knoblauch darin glasig anschwitzen.

3. Gemüse und Kichererbsen mit anschwitzen. Mit Salz, Pfeffer, Paprikapulver und der gehackten Pfefferschote abschmecken und mit 500 ml Kochwasser der Kichererbsen aufgießen. Abgedeckt bei geringer Temperatur 20–25 Minuten köcheln lassen. Zum Schluss mit Zitronenabrieb, Curry- und Ingwerpulver würzen.

4. Petersilie und Basilikum waschen und die Blättchen mit dem restlichen Olivenöl im Mixer fein pürieren. Kurz vor dem Servieren zugeben.

INFO

Dieses Gericht ist reich an Folsäure, Vitamin C und Karotinoiden. Substanen, die eine wichtige Rolle in der Krebsprävention spielen. Besonders Folsäure repariert DNA-Schäden und hilft die natürliche Zellidentität (Epigenetik) aufrecht zuhalten.

NÄHRWERTE pro Portion

446 kcal / 12 g E / 29 g F

GEFÜLLTE AUBERGINEN

VEGE TARISCH

— VON ANNA MATSCHER —

Gefüllte Auberginen sind ein Paradebeispiel der gesunden Mittelmeerküche. Auberginen, Tomaten, Zwiebeln und Knoblauch liefern gesunde Ballaststoffe und viele nützliche sekundäre Pflanzenstoffe. Die Oliven versorgen unseren Organismus mit gesunden Fettsäuren, und der Mozzarella liefert Kalzium und Proteine. Ein ideales, leichtes Sommergericht.

4 PORTIONEN

1 STUNDE

ZUTATEN

FÜR DIE AUBERGINEN
4 Auberginen
Olivenöl
1 rote Zwiebel, abgezogen und gewürfelt
Salz
frisch gemahlener schwarzer Pfeffer
1 Ei (Größe M), verquirlt
200 g Büffelmozzarella, gerieben
75 g schwarze Oliven ohne Stein, klein geschnitten
frisch geriebener Parmesan (alternativ frisch geriebener Pecorino)

FÜR DIE TOMATENSAUCE
5–6 große Tomaten, gewaschen und grob geschnitten
1 Zwiebel, abgezogen und grob geschnitten
1 Knoblauchzehe, abgezogen und grob geschnitten
scharfes Peperoncino-Pulver (scharfes Chilipulver) nach Belieben
frisch gemahlener schwarzer Pfeffer
Salz

AUSSERDEM
frisches Basilikum zum Garnieren

ZUBEREITUNG

1. Die Auberginen waschen, der Länge nach aufschneiden und mit einem Löffel das Fruchtfleisch herauslösen. Das Fruchtfleisch in kleine Würfel schneiden. In einer Pfanne etwas Olivenöl erhitzen. Die ausgehöhlten Auberginen darin von allen Seiten gut anbraten.

2. Für die Tomatensauce alle Zutaten in einen Mixer geben und gut aufmixen.

3. Den Backofen auf 175 °C Ober-/Unterhitze vorheizen.

4. In einer hohen Pfanne etwas Olivenöl erhitzen. Die Zwiebelwürfel darin anschwitzen, dann die Auberginenwürfel dazugeben, salzen und pfeffern, schmoren und abkühlen lassen. Anschließend das verquirlte Ei, den geriebenen Mozzarella und die klein geschnittenen Oliven dazugeben und alles zusammen mit der Hälfte der Tomatensauce kurz aufmixen.

5. Ein Backblech mit der restlichen Tomatensauce bedecken, die Auberginenhälften daraufgeben und mit der Tomaten-Mozzarella-Mischung füllen. Mit Parmesan bestreuen und im Ofen etwa 30 Minuten schmoren lassen. Die gefüllten Auberginen auf Tellern anrichten, mit Basilikum garnieren und servieren.

TIPP

Für das Aushöhlen der Auberginen eignet sich am besten ein Parisienne-Ausstecher.

INFO

Dieses energiearme Gericht eignet sich besonders für alle, die ein bisschen mehr auf ihr Gewicht achten dürfen. Dank des hohen Eiweißgehalts kann es den Körper besonders während der Krebstherapie gut unterstützen.

NÄHRWERTE pro Portion

267 kcal / 17 g E / 18 g F / 5 g B

KALORIEN ARM

VEGE TARISCH

FENCHEL-PAPRIKA-RATATOUILLE

— **VON ECKART WITZIGMANN** —

Ratatouille ist ursprünglich ein einfaches Bauerngericht aus der Provence – inzwischen weltberühmt durch den gleichnamigen Animationsfilm. Es lässt sich sowohl sehr einfach als auch mit großer Raffinesse zubereiten und es gibt zahlreiche regionale Varianten. Eine außergewöhnliche Geschmackssensation ist das orientalische Fenchel-Paprika-Ratatouille, das als Vorspeise genauso überzeugt wie als Hauptgericht, zum Beispiel mit pochierten Eiern. Das Gemüse schmeckt am besten, wenn es lauwarm ist. Ratatouille ist ein guter Partner von Huhn, Lamm, Pasta und Fisch.

4 PORTIONEN **1,5 STUNDEN**

ZUTATEN

300 g feste, reife Tomaten
1 längliche Aubergine (ca. 250 g)
1 TL Korianderkörner
½ TL Kümmelsamen
1 TL Fenchelsamen
3 Knoblauchzehen
9 EL Olivenöl
1 TL gemahlene Kurkuma
1 mittelgroße weiße Zwiebel (150 g)
1 Knolle Fenchel (300 g)
1 rote Paprikaschote (150 g)
1 gelbe Paprikaschote (150 g)
1 grüne Paprikaschote (150 g)
Salz
frisch gemahlener schwarzer Pfeffer
Taj-Mahal-Currypulver (alternativ Harissa)
2 getrocknete Lorbeerblätter
½ Bund frisches Koriandergrün

ZUBEREITUNG

1. Tomaten überbrühen, die Haut entfernen, das Fruchtfleisch entkernen und in kleine Würfel schneiden. Das Innere der Tomate auf ein Sieb geben, abtropfen lassen, dabei den Tomatensaft auffangen.

2. Die Aubergine von Blüten- und Stängelansatz befreien und mit 1 cm großen Zwischenräumen der Länge nach schälen. Anschließend ebenfalls in kleine Würfel schneiden. In einer Pfanne die Korianderkörner mit Kümmel- und Fenchelsamen ohne Fettzugabe unter Rühren handwarm erhitzen, bis die Mischung duftet. Herausnehmen und abkühlen lassen.

3. Die Knoblauchzehen abziehen und sehr fein hacken. Korianderkörner, Kümmel- und Fenchelsamen mit 1 EL Öl, Knoblauch und Kurkuma zu einer Würzpaste vermengen.

4. Die Zwiebel abziehen und klein würfeln. In einem Topf 4 EL Öl erhitzen und die Würzpaste einrühren. Die Zwiebeln darin glasig anschwitzen.

5. Fenchel schälen und in Würfel schneiden. Paprika waschen, halbieren, Samen und Trennwände entfernen, das Fruchtfleisch in Würfel schneiden. Fenchel- und Paprikawürfel zu den Zwiebeln geben und kurz sanft anschwitzen.

6. 4 EL Öl in einer beschichteten Pfanne erhitzen und die Auberginenwürfel darin braten, bis sie leicht gebräunt sind. Mit Salz, Pfeffer und etwas Currypulver abschmecken.

7. Auberginen auf einer dicken Lage Küchenpapier abfetten lassen. Auberginen, Tomaten, Lorbeerblätter, Fenchel und Paprika mit dem aufgefangenen Tomatensaft in einen Topf geben, salzen, pfeffern und abgedeckt etwa 15 Minuten schmoren. Bei Bedarf etwas Gemüsesud oder Wasser dazugeben.

8. Das Gemüse sollte noch etwas Biss haben. Den Koriander waschen, trocken schütteln und grob hacken. Die Lorbeerblätter aus dem Gemüse nehmen. Mit Salz und Pfeffer abschmecken. Für den Kick abschließend Koriander darüberstreuen.

INFO

Neben seinem Beitrag zur Kalium- und Ballaststoffversorgung ist dieses Gericht reich an Vitamin C. Der große Paprikaanteil sowie die Tomaten und der Fenchel tragen dazu bei. Somit deckt eine Portion bereits den Tagesbedarf.

Für die enthaltenen verschiedenen Karotinoide und das Vitamin C sind gesundheitsförderliche und vor Krebs schützende Wirkungen bekannt.

NÄHRWERTE pro Portion

292 kcal / 5 g E / 24 g F

KALORIEN ARM

EIWEISS REICH

GEDÄMPFTES LACHS-FORELLENFILET MIT FEINEM GEMÜSE UND DILL

— VON ECKART WITZIGMANN —

Alternativ kann man auch Bachsaiblinge, Renke oder Meeresfische wie Kabeljau verwenden. Informieren Sie sich über das Fischangebot in Ihrer Region! Ganz nach Geschmack können Sie auch mehr Butter nehmen und mit den Kräutern und Gewürzen variieren.

4 PORTIONEN

100 MINUTEN

ZUTATEN

8 Lachsforellenrückenfilets ohne Haut und Gräten (à 140 g)
Salz
Cayennepfeffer
Zitronensaft
8 EL Fischsud (alternativ Gemüsebrühe) plus etwas Fischsud zum Beträufeln
einige frische Thymianblättchen
1 Bund frischer Dill, gewaschen und die Spitzen abgezupft
Olivenöl
1 Bund Thai-Spargelspitzen (4 cm lang)
40 g Butter plus Butterflöckchen für die Päckchen. Eventuell mit Olivenöl ersetzen
1 Schalotte, abgezogen und fein gewürfelt
1 kleine Knoblauchzehe, abgezogen und fein gewürfelt
100 g Karotten, in 3 cm lange feine Stifte geschnitten
100 g Fenchel, in 3 cm lang feine Stifte geschnitten
frisch gemahlener schwarzer Pfeffer
100 g Champignons, in 3 cm lange feine Stifte geschnitten
1 EL frisch gehackte Petersilienblätter

ZUBEREITUNG

1. Lachsforellenfilets auf einem Teller salzen, mit Cayennepfeffer bestreuen, mit etwas Zitronensaft und Fischsud beträufeln.

2. Thymian und Dillspitzen auf den Filets verteilen, mit etwas Olivenöl beträufeln und mit Frischhaltefolie abgedeckt etwa 1 Stunde im Kühlschrank marinieren lassen.

3. Thai-Spargelspitzen in kochendem Salzwasser 1 Minute blanchieren, mit kaltem Wasser abbrausen. Den Backofen auf 160 °C Ober-/Unterhitze vorheizen.

4. In einer Pfanne die Butter zerlassen, Schalotten und Knoblauch darin bei geringer Temperatur glasig anschwitzen. Karotten- und Fenchelstifte dazugeben, etwa 3 Minuten langsam garen, Salz und Pfeffer dazugeben. Champignons hinzufügen und 2 Minuten mitdünsten, dann die Petersilienblätter dazugeben. Eventuell etwas Wasser angießen.

5. Vier Blätter Alufolie oder Pergamentpapier zu Quadraten von 50 x 50 cm Seitenlänge zuschneiden. Gemüsestreifen und Spargelspitzen jeweils auf der Mitte der Folie verteilen, die marinierten Lachsforellenstücke jeweils daraufgeben. Mit der Marinade (siehe Schritt 2) sowie je 2 EL Fischsud beträufeln. Mit Butterflöckchen belegen.

6. Die Folien bzw. das Papier nun fest mit einem Kochfaden luftdicht zu Päckchen verschließen. Päckchen vorsichtig auf den Rost auf der mittleren Schiene legen und 7–10 Minuten garen. Folie erst am Tisch öffnen, damit die Aromen voll zur Geltung kommen.

INFO

Dieses energiearme Gericht liefert große Mengen leicht verdauliches Eiweiß. Fisch enthält zudem wichtige Omega-3 Fettsäuren, die das Risiko für Herz-Kreislauf- und Tumor-Erkrankungen verringern kann. Darüber hinaus enthält Fisch viel Vitamin B12 und Jod, beides wichtig für das Nervensystem, und Selen, das auf vielfältige Weise die Gesundheit und die Prognose verbessern kann, beispielsweise durch die Verringerung von Nebenwirkungen.

NÄHRWERTE pro Portion

254 kcal / 28 g E / 14 g F

EIWEISS REICH

IN KRÄUTERÖL POCHIERTER SAIBLING MIT ARTISCHOCKEN UND KRÄUTERMAYONNAISE

— VON ANNA MATSCHER —

Der Saibling ist ein besonders edler Fisch – schon Kaiser Barbarossa und Ludwig II. sollen ihn verehrt haben. Je nach Herkunft ist das Fleisch der Bachsaiblinge sehr fein und aromatisch, während das der Seesaiblinge fest und lachsfarben ist. Saiblinge überleben nur bei sehr sauberem, kaltem Wasser.

4 PORTIONEN | 45 MINUTEN | 2 TAGE MARINIERZEIT

ZUTATEN

1 Saibling (1 kg), filetiert und portioniert

FÜR DAS KRÄUTERÖL
1 Zweig frischer Rosmarin
1 Zweig frischer Thymian
40 g unbehandelte Orange mit Schale, in Scheiben geschnitten
40 g unbehandelte Zitrone mit Schale, in Scheiben geschnitten
100 ml Olivenöl

FÜR DIE KRÄUTERMAYONNAISE
2 Eigelb
250 ml Olivenöl
10 g frischer Kerbel
4 g frischer Koriander
4 g frischer Dill
20 g frische Petersilie
Salz
Zitronensaft

FÜR DIE GESCHMORTEN ARTISCHOCKEN
2 große Artischocken
Saft von 1 Zitrone
20 g Schalotte
1 Knoblauchzehe
1 EL Olivenöl
1 EL Weißweinessig
150–200 ml Gemüsefond
1 Zweig frischer Thymian
1 Msp. scharfes Peperoncino-Pulver (scharfes Chilipulver)

AUSSERDEM
Salat zum Garnieren, mariniert mit Sherry-Essig, Olivenöl und Salz
10 g schwarze Oliven ohne Stein, über Nacht bei 50 °C Ober-/Unterhitze im Ofen getrocknet und fein gehackt

ZUBEREITUNG

1. Für das Kräuteröl die Kräuter waschen und trocken schütteln, dann mit den restlichen Zutaten ansetzen, erwärmen und bei Zimmertemperatur 2 Tage ziehen lassen. Den Saibling darin ein paar Stunden marinieren.

2. Für die Kräutermayonnaise das Eigelb mit dem Öl zu einer Mayonnaise verquirlen. Die Kräuter waschen, trocken schütteln und abzupfen. Dann 2 Minuten in kochendem Wasser blanchieren und in Eiswasser abschrecken, gut ausdrücken und mit der Mayonnaise mixen, sodass eine schöne grüne Farbe entsteht. Anschließend salzen und nach Belieben mit etwas Zitronensaft verfeinern.

3. Die Artischocken putzen, halbieren und die Böden in genügend Wasser mit Zitronensaft geben. Die Schalotte abziehen und in Ringe schneiden, die Knoblauchzehe abziehen und klein hacken. In einer Pfanne das Olivenöl erhitzen, Schalotten und Knoblauch darin anschwitzen.

4. Mit dem Weißweinessig ablöschen und etwas reduzieren lassen, dann den Gemüsefond angießen. Thymian und Peperoncino-Pulver dazugeben und den Sud 10 Minuten köcheln lassen. Die Artischocken dazugeben und 10 Minuten blanchieren. Herausnehmen, auf Küchenpapier abtropfen und abkühlen lassen.

5. Den Backofen auf 120 °C Ober-/Unterhitze vorheizen. Den Saibling auf ein Backblech legen, mit etwas Kräuteröl beträufeln und abgedeckt 5–10 Minuten in den Ofen geben.

6. Die Kräutercreme dünn auf einen Teller streichen. Saibling und Artischocken darauf anrichten. Mit etwas Salat und getrockneten Oliven garnieren.

INFO

Ernährungsexperten empfehlen zwei Fischmahlzeiten pro Woche. Das liegt daran, dass Fisch neben seiner großen Menge ungesättigter Fettsäuren reich an Jod, Selen und Vitamin D ist. Der Saibling ist zwar wesentlich fettärmer als andere Lachsfische, dafür bestehen aber 80 % der Fette aus gesunden einfach und mehrfach ungesättigten Fettsäuren. Zudem ist der Saibling reich an den Vitaminen A, D und B12.

Der sekundäre Pflanzenstoff Cynarin ist maßgeblich verantwortlich für den bitteren Geschmack und für die leberschützenden Eigenschaften der Artischocke verantwortlich. Zudem regt der Verzehr von Artischocken die Gallenproduktion an, und sie sollen sich positiv auf den Cholesterinspiegel auswirken.

NÄHRWERTE pro Portion

796 kcal / 33 g E / 73 g F / 9 g B

RISOTTO MIT ORANGEN

KALORIENREICH

— VON ECKART WITZIGMANN —

Risotto ist eines der vielfältigsten Gerichte der italienischen Küche. In der Basisversion werden Zwiebeln klein geschnitten, mit Risottoreis angedünstet und in Wasser oder Brühe so lange gegart, bis das Risotto eine sämige Konsistenz hat, die Reiskörner aber noch bissfest sind.

4 PORTIONEN 40 MINUTEN

ZUTATEN

1 Orange
20 g Butter, eventuell durch Olivenöl ersetzen
4 EL Olivenöl
30 g Schalotten, fein geschnitten
30 g Frühlingszwiebeln, fein geschnitten
½ TL Knoblauchzehe, abgezogen und klein gewürfelt
1 Karotte, klein gewürfelt
150 g Risottoreis
etwa 700 ml heißer Geflügelfond
1 EL Zesten von 1 unbehandelten Orange
Saft von 1 Orange
Saft von ½ Limette
1 TL Zesten von 1 unbehandelten Limette
frisch gemahlener weißer Pfeffer
frisch geriebene Muskatnuss
20 g eiskalte Butterflocken
60 g frisch geriebener Parmesan

INFO

Bei Problemen mit der Fettverdauung oder bei Symptomen wie Sodbrennen kann die Menge an Butter und/oder Parmesan reduziert werden.

NÄHRWERTE pro Portion

377 kcal / 8 g E / 23 g F

ZUBEREITUNG

1. Die Orange gründlich schälen, die weiße Haut entfernen, und die Orange filetieren.

2. In einem Topf die Butter und das Öl erhitzen. Schalotten, Frühlingszwiebeln und Knoblauch darin glasig anschwitzen. Karottenwürfel und Reis hinzufügen und unter Rühren bei mittlerer Temperatur glasig anschwitzen. Mit heißem Geflügelfond ablöschen.

3. Orangenzesten und -saft sowie Limettenzesten und -saft einrühren. Immer wieder so viel Geflügelfond angießen, dass der Reis bedeckt ist. Unter ständigem Rühren etwa 17 Minuten garen.

4. Mit Pfeffer und Muskat abschmecken. Kalte Butterflocken und Parmesan unterheben.

5. Risotto auf tiefen Tellern anrichten und die Orangenfilets darauf verteilen.

EIWEISS REICH

ESTRAGON-HUHN MIT TOMATEN

— VON ECKART WITZIGMANN —

Mit Basmatireis, Pasta, Kartoffelgnocchi, Bulgur oder frischem Weißbrot servieren. Durch das Verdunsten des Estragonessigs wird das Hühnerfleisch parfümiert.

4 PORTIONEN

1 STUNDE

ZUTATEN

4 Tomaten (450 g)
Salz
Zucker
1 Freilandhuhn (ca. 1,3 kg)
1 EL Butter, eventuell durch Olivenöl ersetzen
2 EL Olivenöl
3 Knoblauchzehen
3 Schalotten, abgezogen
3 getrocknete Lorbeerblätter
3 Gewürznelken
1 mittelgroße weiße Zwiebel, abgezogen und grob gewürfelt
2 Stängel frischer Estragon
25 ml Estragonessig oder Xeres-Essig
200–300 ml Geflügelfond (nach Bedarf)
1 TL Dijon-Senf
1 EL Tomatenmark
150 g Sahne oder Hafersahne
2 EL frisch gehackter Estragon

ZUBEREITUNG

1. Die Tomaten mit kochendem Wasser überbrühen, die Haut entfernen, Tomaten entkernen und das Fruchtfleisch in Stücke schneiden. Etwas Salz und eine Prise Zucker zufügen. Langsam zu Mus einköcheln lassen.

2. Den Backofen auf 190 °C Ober-/Unterhitze vorheizen. Das Huhn in acht Teile zerteilen und salzen. In einem Bräter Butter und Öl erhitzen, das Fleisch darin rundherum leicht anbraten.

3. Knoblauch abziehen und hacken. Je eine Schalotte mit Lorbeerblatt und den Gewürznelken spicken. Gespickte Schalotte, Zwiebel, Knoblauch und Estragonstängel zum Huhn in den Bräter geben. Abgedeckt im vorgeheizten Ofen etwa 20 Minuten dünsten. Mit dem Estragonessig nach und nach ablöschen. Fett abschütten, etwas Olivenöl dazugeben, Geflügel herausnehmen und warm stellen. Zwiebeln und Schalotte mit Geflügelfond ablöschen und aufgießen.

4. In einem Topf Senf mit Tomatenmark anrühren. Sahne und Tomatenmus dazugeben und alles langsam zu einer sämigen Konsistenz köcheln.

5. Die Geflügelstücke wieder in den Bräter mit der Sauce geben und nochmals im Ofen etwa 15 Minuten fertig garen. Gespickte Schalotte und Estragonstängel herausnehmen. Zum Schluss den frisch gehackten Estragon dazugeben, nochmals abschmecken und auf Tellern anrichten.

INFO

Hühnerfleisch liefert viel leicht verdauliches Eiweiß. Das ist bei Mangelernährung wichtig für die Aufrechterhaltung der Muskelmasse. Zudem wird Zink aufgenommen, das das Immunsystem und viele Stoffwechselprozesse unterstützt.

Tomaten besitzen einen hohen Gehalt an Lycopin. Durch das Kochen wird dessen Verfügbarkeit für den Körper verbessert. Lycopin gehört zu den Karotinoiden, wirkt vor allem als Antioxidans und hat krebshemmende Eigenschaften. Studien haben vor allem vor Prostatakrebs schützende Wirkungen gezeigt.

NÄHRWERTE pro Portion

603 kcal / 56 g E / 39 g F

SPAGHETTI MIT RADICCHIO-TREVIGIANO-SAUCE

KALORIEN REICH

VEGE TARISCH

— VON ANNA MATSCHER —

„Roter Chicorée“ wird der Radicchio auch genannt – und neben der botanischen Herkunft hat er mit dem Chicorée auch die typischen Bitterstoffe gemein. Die etwas schlankeren Sorten, die rund um die Gegend von Treviso angebaut werden, sind etwas zarter und feiner im Geschmack. Zusammen mit dem Saft der Roten Bete ist diese Sauce ein hervorragender Begleiter selbst gemachter Nudeln.

4 PORTIONEN

30 MINUTEN

ZUTATEN

4 Radicchio Rosso di Treviso (Tardivo)
1 Schalotte
2 Knoblauchzehen
Olivenöl
Saft von eingelegten Roten Beten
Salz
frisch gemahlener schwarzer Pfeffer
Sherry-Essig
100 ml Gemüsefond

AUSSERDEM
Nudelteig (siehe Seite 160/161)

ZUBEREITUNG

1. Den Radicchio waschen, die Spitzen abschneiden und beiseitelegen. Den Rest in Stücke schneiden.

2. Die Schalotte und die Knoblauchzehen abziehen und in feine Würfel schneiden. In einem Topf etwas Olivenöl erhitzen, Zwiebeln und Knoblauch darin anschwitzen. Den Radicchio dazugeben und mit dem Gemüsefond schmoren lassen, bis er weich ist. Anschließend auskühlen lassen.

3. Den Radicchio mit dem Saft der Roten Bete aufmixen und mit Salz und Pfeffer abschmecken.

4. Die beiseitegelegten Radicchio-Spitzen wie einen Salat mit Olivenöl, etwas Sherry-Essig und Salz marinieren.

5. Den Nudelteig zu Spaghetti formen und kurz in kochendem Salzwasser garen. Die Nudeln abtropfen lassen und in der Radicchiosauce schwenken. Das Gericht auf Tellern anrichten und die marinierten Radicchiospitzen darübergeben.

TIPPS

Für dieses Gericht ist es sehr wichtig, Radicchio mit etwas süßlichem Aroma wie den Rosso di Treviso zu verwenden. Andere Radicchio-Arten sind hierfür häufig zu bitter.

Um ein besonders feines Aroma zu bekommen, trocknen Sie die marinierten Radicchiospitzen im Trockengerät oder 5–6 Stunden im Ofen bei 50 °C Ober-/Unterhitze.

INFO

Die Bitterstoffe des Radicchios unterstützen die Verdauung, indem sie den Speichelfluss anregen und die Darmperistaltik aktivieren. Besonders Personen mit Appetitlosigkeit sollten deshalb hin und wieder bittere Lebensmittel zu sich nehmen, um den Appetit wieder anzukurbeln. Zudem ist der Radicchio reich an B-Vitaminen und Vitamin C sowie an vielen Mineralien wie Eisen, Kalium und Kalzium.

NÄHRWERTE pro Portion

503 kcal / 18 g E / 21 g F / 6 g B

EIWEISS REICH

REHMEDAILLONS MIT SELLERIEPÜREE, SELLERIECHIPS UND PILZEN

— VON ECKART WITZIGMANN —

Wild ist immer noch unterschätzt. Dabei ist das Angebot gut und die Qualität meist hervorragend – die Suche lohnt sich also. Das ist ein Rezept für den Spätsommer. Ich nehme die Nuss von der Rehkeule oder Rückenfilet, die lassen sich am bequemsten zu Hause zubereiten. Noch ein Tipp: Einen besonderen Pfiff bekommt das Selleriepüree, wenn man Nussbutter verwendet.

4 PORTIONEN

1 STUNDE

ZUTATEN

FÜR DAS SELLERIEPÜREE
1 Knolle Sellerie (etwa 350 g)
Saft von ½ Zitrone
Salz
frisch gemahlener weißer Pfeffer
frisch geriebene Muskatnuss
100 ml Sahne
30 g kalte Butter oder Hafersahne

FÜR DIE SAUCE
250 ml Wildfond
1 EL Preiselbeeren
125 ml Crème fraîche

FÜR DIE PILZE
30 g Butter, eventuell durch Olivenöl ersetzen
1 EL fein gewürfelte Schalotten
200 g Champignons
Salz
frisch gemahlener weißer Pfeffer
frisch geriebene Muskatnuss
1 EL frisch gehackte Petersilie

FÜR DIE REHMEDAILLONS
2 EL Olivenöl, eventuell durch Butter ersetzen
20 g Butter
6 getrocknete Wacholderbeeren, angedrückt
1 Zweig frischer Thymian
12 Rehmedaillons (à 60 g)
Salz
frisch gemahlener weißer Pfeffer

FÜR DIE SELLERIECHIPS
1 kleine Knolle Sellerie
Sonnenblumenöl zum Ausbacken

ZUBEREITUNG

1. Für das Püree: Sellerieknolle schälen, klein schneiden und mit Zitronensaft in kochendem Salzwasser weich garen.

2. Mit einem Schaumlöffel herausheben und im Mixer fein pürieren. In einem Topf mit Salz, Pfeffer und Muskat abschmecken und unter Rühren mit der Sahne bei geringer Temperatur garen. Die kalte Butter unterrühren.

3. Für die Sauce: Wildfond mit Preiselbeeren mischen und auf die Hälfte einkochen. Crème fraîche dazugeben, cremig einkochen und durch ein Sieb passieren. Warm stellen.

4. Für die Pilze die Schalotten in zerlassener Butter glasig anschwitzen. Die Pilze dazugeben und so lange anbraten, bis die Flüssigkeit verdampft ist. Mit Salz, Pfeffer und Muskat abschmecken, dann die Petersilie untermischen.

5. In einer Pfanne Öl und Butter erhitzen, Wacholderbeeren und Thymian hineingeben und die Rehmedaillons darin rosa braten. Salzen, pfeffern, herausnehmen und warm stellen.

6. Für die Chips den Sellerie schälen und mit dem Gurkenhobel in dünne Scheiben hobeln. Kreise mit einem Durchmesser von 4 cm ausstechen und die Chips in nicht zu heißem Öl goldgelb und knusprig ausbacken.

7. Rehsauce nochmals kurz aufkochen. Rehmedaillons mit dem Selleriepüree auf vorgewärmten Tellern anrichten. Mit der heißen Sauce übergießen. Selleriechips in das Püree stecken und die Pilze locker über die Medaillons geben.

INFO

Wildfleisch weist aufgrund der Lebens- und Ernährungsweise der Tiere eine andere Nährstoffzusammensetzung auf. Dadurch hat es beispielsweise einen geringen Fettgehalt und einen höheren Anteil an ungesättigten Fettsäuren.

NÄHRWERTE pro Portion

611 kcal / 46 g E / 45 g F

MANGOLD-TARTE

VEGETARISCH

— VON ANNA MATSCHER —

Mangold hat von Juni bis August Hochsaison. Dann ist die Pflanze, die botanisch gesehen zu den Rüben zählt, besonders aromatisch. In den Blättern steckt viel Vitamin A und Vitamin C sowie Eisen. Menschen, die zu Nierensteinen neigen, sollten jedoch vorsichtig beim Verzehr von Mangold sein, da er auch reich an Oxalsäure ist.

4 PORTIONEN

1,5 STUNDEN

ZUTATEN

FÜR DEN MÜRBETEIG
250 g Weizenmehl (Type 405)
120 g weiche Butter
5 g Salz
1 Ei (Größe M)

FÜR DIE PILZPASTE
1 Schalotte
15 g weiche Butter oder Olivenöl
100 g gemischte Pilze (z. B. Trüffeln, getrocknete Pilze, Champignons)
150 ml Gemüsebrühe
30 ml Sahne oder Hafersahne
Salz, frisch gemahlener schwarzer Pfeffer

FÜR DEN MANGOLD
8 bunte Mangoldblätter
200 g Mangold, in kleine Würfel geschnitten
1 EL Olivenöl
150 ml Gemüsefond
2 Zweige frischer Thymian
2 Frühlingszwiebeln
5 g Knoblauch
Salz, frisch gemahlener schwarzer Pfeffer

ZUBEREITUNG

1. Den Backofen auf 180 °C Ober-/Unterhitze vorheizen. Für den Mürbeteig alle Zutaten mit 60 ml Wasser zu einem Teig verarbeiten und 30 Minuten ruhen lassen. Anschließend ausrollen, in 10 x 5 cm große Stücke schneiden, diese auf ein mit Backpapier ausgelegtes Backblech legen und mit der Gabel einstechen. Im Ofen 5 Minuten backen.

2. Für die Pilzpaste die Schalotte abziehen und fein würfeln. Butter im Topf zerlassen und Schalotten darin glasig anschwitzen. Die Pilze putzen, fein würfeln und dazugeben. Gemüsebrühe und Sahne angießen und mit Salz und Pfeffer abschmecken. 15 Minuten köcheln lassen, bis die Flüssigkeit reduziert ist, und im Mixer pürieren.

3. Vom Mangold die Blätter abschneiden, die Stiele in 10 cm lange Stücke schneiden und den Rest in Würfel schneiden.

4. Mangoldstiele in kochendem Salzwasser blanchieren und auf ein Küchentuch legen. Olivenöl erhitzen und die Mangoldwürfel darin leicht anbraten. Gemüsefond und Thymian dazugeben und 10 Minuten schmoren lassen.

5. Die Frühlingszwiebeln waschen, putzen und in feine Ringe schneiden. Knoblauch abziehen und fein würfeln. Mangoldwürfel, Frühlingszwiebeln, Knoblauch und Pilzpaste vermengen, mit Salz und Pfeffer abschmecken und schmoren lassen, bis die Flüssigkeit reduziert ist.

6. Die Mangoldblätter kurz in heißem Olivenöl schwenken und abschmecken.

7. Die Tarte mit der Mangold-Pilz-Paste bestreichen und am Ende die Mangoldblätter und -stiele darauflegen.

TIPPS

Wer Alkohol verträgt, kann die Pilzpaste zusätzlich zum Gemüsefond mit etwa 30 ml Madeira ablöschen. Hier sollte die Butter durch Olivenöl ersetzt werden. Die Sahne entfällt hierbei ebenfalls.

INFO

Mangold ist reich an Vitamin K, das an der Regulierung des Zellwachstums beteiligt ist. Pilze sind reich an Kalzium sowie Kalium, das ebenfalls für ein gesundes Zellwachstum benötigt wird.

NÄHRWERTE pro Portion

572 kcal / 13 g E / 38 g F / 7 g B

KRÄUTERQUARK

VEGETARISCH

EIWEISSREICH

— VON ECKART WITZIGMANN —

Leicht, sommerlich, frisch. Ich esse dazu am liebsten Pellkartoffeln. Wer Ziegenfrischkäse nicht mag, kann ihn auch durch einen anderen Frischkäse oder Sahnequark ersetzen.

4 PORTIONEN

30 MINUTEN

ZUTATEN

170 g Speisequark (20 % Fett i. Tr.)
4 TL Ziegenfrischkäse
150 g Sauerrahm
Salz
weißer oder schwarzer Cayennepfeffer
Tabascosauce
Zitronensaft
reichlich frische Kräuter nach Belieben (z. B. Schnittlauch, glatte Petersilie, Estragon, Kerbel, Dill)
2–3 Radieschen
½ Salatgurke

ZUBEREITUNG

1. Quark, Frischkäse und Saure Sahne vermischen und glatt rühren. Mit Salz, Pfeffer, etwas Tabascosauce und etwas Zitronensaft pikant abschmecken.

2. Die Kräuter waschen, trocken schütteln und fein schneiden. Die Radieschen putzen und waschen, die Gurke schälen, beides in feine Würfel schneiden.

3. Kräuter, Gurke und Radieschen zum Quark geben, unterrühren und mit Pellkartoffeln servieren.

INFO

Als leichtes Gericht mit Pellkartoffeln eignet sich dieses Rezept zum Abnehmen. Frische Kräuter enthalten viele Vitamine und Mineralstoffe und unterstützen – wie viele Gewürze – auf vielfältige Weise die Verdauung. Durch die Verwendung von Quark trägt dieses Gericht zur Eiweißversorgung bei.

NÄHRWERTE pro Portion

133 kcal / 8 g E / 10 g F

ERDBEERCRÊPES

VEGE TARISCH

— VON ANNA MATSCHER —

Die Erdbeersaison beginnt bereits Mitte Mai, doch ihr volles Aroma erreichen heimische Erdbeeren meist erst im Juni. Dabei sollten die kleinen Vitamin-C-Bomben möglichst reif gepflückt werden. Für die längere Haltbarkeit wird beim Ernten stets etwas Stielansatz mit abgeschnitten.

4 PORTIONEN 30 MINUTEN

ZUTATEN

500 g Erdbeeren
Saft von ½ Zitrone
120 g Dinkelbiskuit, siehe Tipp
3–4 getrocknete Kardamomkapseln
50 g Rohrohrzucker
3–4 Blätter Filoteig
80 g Puderzucker

ZUBEREITUNG

1. Backofen auf 170 °C Ober-/Unterhitze vorheizen. Erdbeeren waschen und Stielansätze entfernen. 100 g Erdbeeren mit Zitronensaft pürieren. Die restlichen Erdbeeren grob würfeln. Den Dinkelbiskuit fein würfeln und mit dem Erdbeermark tränken.

2. Kardamomkapseln im Mörser gut zerreiben, mit Rohrohrzucker und Erdbeerwürfeln zum Biskuit geben und vermischen. Die Erdbeermasse in die Filoteigblätter einrollen.

3. Puderzucker in einer Pfanne karamellisieren, den Strudel darin wenden, in Stücke schneiden, mit Puderzucker bestauben und im Ofen 5 Minuten knusprig backen.

NÄHRWERTE pro Portion

355 kcal / 8 g E / 3 g F / 4 g B

INFO

Der Verzehr von Obst kann das Risiko, an Tumoren in Mund, Hals, Speiseröhre, Magen und Lunge zu erkranken, senken. Erdbeeren weisen entzündungshemmende Eigenschaften auf. Aufgrund ihres hohen Vitamin-C-Gehalts unterstützen sie zudem unser Immunsystem. Kardamom wirkt appetitanregend und lindert Magen-Darm-Beschwerden.

TIPPS

Für den Biskuitteig: 3 Eier (Größe M) mit 100 g Rohrohrzucker schaumig schlagen. 70 g Dinkelmehl mit 30 g Stärke vermengen und unterheben. Teig auf einem Backblech verteilen und 10 Minuten bei 180 °C Ober-/Unterhitze goldgelb backen.

HERBST

Langsam verändert sich das Wetter: das Licht wird blasser, die Sonne verliert an Kraft, der Wind wird etwas stärker. Dennoch kann es im September und Oktober noch sehr warme Tage geben.

Dies ist die Jahreszeit, in der sich unsere Grundidee, saisonale und regionale Produkte zu verwenden, am leichtesten verwirklichen lässt. Es ist die Zeit des Überflusses, die dazu einlädt, das eine oder andere zu konservieren oder zu fermentieren. Auch wenn dieses Thema nicht Gegenstand des Buches und der App ist, machen Sie sich die Mühe; es lohnt sich, und Sie werden Ihr selbst Eingemachtes voller Stolz genießen oder verschenken. Es gibt wunderbare Bücher zu diesem Thema, und vielleicht hat der eine oder andere auch die Möglichkeit, sich bei Menschen Rat zu holen, die diese Fertigkeit zu Hause gelernt haben. Nichts geht über ein traditionsreiches Familienrezept! Beispiele sind selbst gemachte Marmeladen, Chutneys, Gelees, Kompotte, Sirup oder Säfte. Beispiele für die Fermentation sind eingelegte (saure) Gurken, Fenchel oder Bohnen.

Tomaten, verschiedene Kohlsorten und Zwetschgen sind die wichtigsten Herbsterzeugnisse aus dem ökologischen Landbau. Die artgerecht gehaltene Gans mit Rotkohl darf am Martinstag nicht fehlen. Wir hoffen, dass unsere Rezeptvorschläge Ihnen einen genussreichen Herbst bescheren.

KALORIEN REICH

LINSENSUPPE MIT LAUWARMEM RÄUCHERAAL

— VON HANS HAAS —

Alternativ ist es möglich, die Suppe auch ohne Fisch zu essen.

4 PORTIONEN

35 MINUTEN

1 STUNDE EINWEICHZEIT

ZUTATEN

150 g Berglinsen
2 Zwiebeln, abgezogen und gewürfelt
1 EL Rapsöl
40 g Pata-Negra-Schinken, fein gewürfelt
Meersalz
Cayennepfeffer
2 EL Weißweinessig
2 ½ l Tomatenessenz (siehe Seite 155)
250 ml Sahne oder Hafersahne
Zitronensaft
2 EL sehr kleine Weißbrotwürfel
2 TL Maiskeimöl (alternativ Rapsöl)
120 g Räucheraal, filetiert und pariert
4 EL kleine Knollensellerie-
und Karottenwürfel, blanchiert

ZUBEREITUNG

1. Linsen 1 Stunde in kaltem Wasser einweichen. Dann in einem Sieb abtropfen lassen.

2. Backofen auf 50–60 °C Ober-/Unterhitze vorheizen. Zwiebeln in Rapsöl anschwitzen. Schinken kurz mit anschwitzen, dann die Linsen dazugeben.

3. Mit Salz und Cayennepfeffer abschmecken und mit Weißweinessig ablöschen. Tomatenessenz hinzufügen und köcheln lassen, bis die Linsen weich sind. Einige Linsen herausnehmen und beiseitestellen. Sahne zugeben und nochmals aufkochen.

4. Mit einem Spritzer Zitronensaft und eventuell Salz abschmecken, im Mixer pürieren und durch ein grobes Sieb passieren.

5. Für die Einlage Brotwürfel in 1 TL Maiskeim-öl goldbraun rösten und auf Küchenpapier abfetten lassen. Räucheraal in zwölf Stücke teilen und im vorgeheizten Ofen leicht erwärmen. Gemüsewürfel im restlichen Maiskeimöl leicht anschwitzen.

6. Gemüse und die beiseitegestellten Linsen in vier tiefe Teller verteilen. Suppe nochmals erhitzen, mit dem Stabmixer schaumig aufschlagen und über das Gemüse gießen. Aalstücke hineinlegen und mit Croûtons bestreuen.

INFO

Dieses Gericht eignet sich bei ungewolltem Gewichtsverlust Aal gehört zu den fettreichen Fischen. Linsen bieten zudem viel pflanzliches Eiweiß.

NÄHRWERTE pro Portion

483 kcal / 15 g E / 40 g F / 4 g F

KÜRBIS-INGWER-SUPPE

VEGE TARISCH

— VON HANS HAAS —

Der Herbst ist Kürbiszeit. Jetzt gibt es eine große Auswahl verschiedener Sorten direkt aus der Region. Kürbisse sind vielseitig einsetzbar – ob gebraten oder eingelegt, als Füllung oder als Püree, im Gratin oder im Kuchen oder einfach als gedünstetes Gemüse –, der Fantasie sind keine Grenzen gesetzt. Wir haben für Sie, sehr gut geeignet für die kälter werdende Jahreszeit, einen Klassiker ausgewählt: die Kürbissuppe.

4 PORTIONEN

45 MINUTEN

ZUTATEN

1 EL Rapsöl
2 EL Butter
2 Zwiebeln, abgezogen und gewürfelt
500 g Hokkaido-Kürbis (geputzt gewogen), in grobe Stücke geschnitten
1 Knoblauchzehe, abgezogen und angedrückt
1 Msp. Currypulver
10 g Ingwer, geschält und gewürfelt
1 Tomate, klein geschnitten
2 l Tomatenessenz (siehe Seite 155)
Salz
300 ml Sahne oder Hafersahne
Zitronensaft
20 g Kürbiskerne
Kürbiskernöl

ZUBEREITUNG

1. In einem Topf das Öl erhitzen und 1 EL Butter darin zerlassen. Die Zwiebeln darin kurz anschwitzen. Die Kürbisstücke und die Knoblauchzehe hinzufügen und ebenfalls anschwitzen. Einige Kürbisstücke für die Garnierung herausnehmen und beiseitestellen.

2. Currypulver und Ingwerwürfel unter die Kürbis-Zwiebel-Mischung rühren, die Tomatenstücke dazugeben und alles mit der Tomatenessenz aufgießen. Nun mit Salz abschmecken und kochen lassen, bis der Kürbis sehr weich ist.

3. Die Sahne angießen und alles nochmals aufkochen lassen. Dann die restliche Butter dazugeben, die Suppe mit dem Stabmixer pürieren und durch ein Sieb passieren. Mit Salz und Zitronensaft abschmecken.

4. Die Kürbiskerne in einer Pfanne ohne Fettzugabe rösten, bis sie duften, dann grob hacken. Die beiseitegestellten Kürbisstücke in tiefen Tellern verteilen. Die Suppe kurz erhitzen und mit dem Stabmixer aufschäumen. Über die Kürbisstücke gießen, mit den gehackten Kürbiskernen bestreuen und mit Kürbiskernöl beträufeln.

NÄHRWERTE pro Portion

374 kcal / 6 g E / 35 g F

INFO

Diese Suppe ist gut bekömmlich und energiearm.

Das in Kürbis enthaltene Kalium ist wichtig für den Flüssigkeitshaushalt sowie für die Muskel- und Nervenaktivität.

Wie die orange-gelbe Farbe der Kürbisse zeigt, enthalten sie größere Mengen an Karotinoiden. Viele Studien weisen auf eine Schutzwirkung durch den Verzehr von karotinoidreichen Obst- und Gemüsesorten hinsichtlich der Entstehung verschiedener Krebsarten hin. Hierzu gehören Tomaten, Karotten, Grünkohl, Spinat, Kürbis und Brokkoli sowie rote Grapefruits, Nektarinen und Aprikosen.

Im Vergleich zu anderen Kürbisarten enthält der Hokkaido besonders viel Betakarotin. Das ist sowohl eine Vorstufe vom Vitamin A als auch ein Antioxidans. Antioxidantien sind für den Körper wichtig, um freie Radikale abzufangen und somit Schäden am Erbgut zu vermeiden. Das ist ein Mechanismus, über den sie krebsvorbeugend wirken können.

Bei Rauchern ist jedoch besonders darauf zu achten, dass diese das Betakarotin nicht in hohen Dosierungen über Nahrungsergänzungsmittel aufnehmen, da klinische Studien hierdurch einen Anstieg an Lungenkrebsfällen gezeigt haben.

KALORIENREICH

VEGETARISCH

SPINAT-TOPFENKNÖDEL MIT PFIFFERLINGEN

— VON HANS HAAS —

Im Herbst gibt es die größte Auswahl an Pilzen. Neben den ganzjährig verfügbaren Zuchtpilzen – beispielsweise Champignons – gibt es Pfifferlinge aus heimischen Wäldern von etwa Juli bis November.

4 PORTIONEN

1 STUNDE

6 STUNDEN RUHEZEIT

ZUTATEN

FÜR DIE SPINAT-TOPFENKNÖDEL
300 g Spinat (geputzt gewogen)
Salz
150 g weiche Butter
4 Eier (Größe M)
3 Eigelb
125 g Ziegentopfen (Ziegenquark)
Cayennepfeffer
frisch geriebene Muskatnuss
1 Msp. fein gehackter Knoblauch
3 EL Weizenmehl (Type 405)
200 g Semmelbrösel

FÜR DIE PFIFFERLINGE
250 g Pfifferlinge
Rapsöl zum Anbraten
2 Schalotten, abgezogen und fein gewürfelt
feine Schnittlauchröllchen

ZUBEREITUNG

1. Den Spinat in kochendem Salzwasser blanchieren, eiskalt abschrecken, gut abtropfen lassen und fein hacken.

2. Die Butter in einem Topf schaumig rühren, nach und nach Eier, Eigelb und Ziegentopfen unterrühren. Die Mischung mit Salz, Cayennepfeffer, Muskat und Knoblauch pikant abschmecken.

3. Mehl, Semmelbrösel und den Spinat untermischen und abgedeckt im Kühlschrank 6 Stunden ruhen lassen.

4. Den Teig erneut abschmecken, zu kleinen Knödeln formen und in siedendem Salzwasser 10 Minuten gar ziehen lassen.

5. Die Pfifferlinge putzen. Danach in kochendem Wasser kurz blanchieren und abschrecken. Auf ein Tuch legen und ein bisschen trocken tupfen.

6. In einem Topf das Rapsöl erhitzen. Pfifferlinge und Schalotten darin unter Rühren oder Schwenken kurz anbraten (ansautieren). Zum Schluss die Schnittlauchröllchen dazugeben.

7. Die Knödel aus dem Wasser heben, abtropfen lassen und auf den Teller geben. Die Pfifferlinge über die Knödel geben und servieren.

INFO

Dieses Gericht ist reich an Energie und eignet sich, um einem Gewichtsverlust entgegenzuwirken. Zudem enthält es viele Vitamine und Mineralstoffe. Besonders hervorzuheben ist sein Gehalt an Vitamin K, Folsäure, Vitamin B12, Eisen, Zink und Vorstufen von Vitamin A.

Während der Erkrankungs- und Therapiephase ist es wichtig, auf eine ausreichende Eiweißzufuhr zu achten. Vor allem, wenn wenig Fleisch verzehrt wird, ist eine Ergänzung der Ernährung mit Quark gut geeignet.

NÄHRWERTE pro Portion

712 kcal / 22 g E / 50 g F

EIWEISS REICH

MEDITERRANES KURZGEBRATENES FLEISCH

— VON HERBERT HINTNER —

Traditionelles mediterranes Essen gilt als besonders gesund. Es ist gekennzeichnet durch eine große Auswahl an Gemüsesorten, Hülsenfrüchten, frischen Kräutern und Gewürzen, reichlich Olivenöl, Knoblauch und viel Meeresfisch. Etwas rotes Fleisch ist hin und wieder ebenfalls dabei. Ergänzen Sie das Gericht mit gegartem Gemüse oder einem gemischten Salat.

4 PORTIONEN

30 MINUTEN

ZUTATEN

4 Stück Rinderlende (à 180 g)
Salz
frisch gemahlener schwarzer Pfeffer
Olivenöl
12 Datteltomaten, geschält
20 Kapern (aus dem Glas)
100 g geschmorte Zwiebeln (siehe Seite 158)
12 schwarze Oliven ohne Stein
Kräuter nach Belieben
(z. B. Basilikum, Oregano, Thymian)
Sprossen nach Belieben zum Garnieren

NÄHRWERTE pro Portion

457 kcal / 36 g E / 34 g F / 1 g B

ZUBEREITUNG

1. Den Backofen auf 60 °C Ober-/Unterhitze vorheizen. Die Rinderlenden salzen und pfeffern, in Olivenöl auf beiden Seiten etwa 5 Minuten gut anbraten und im Ofen 15 Minuten ruhen lassen.

2. Die geschälten Tomaten in Olivenöl bei mittlerer Temperatur etwa 10 Minuten anschwitzen. Kapern, geschmorte Zwiebeln und Oliven dazugeben, salzen und pfeffern. Nach Belieben frisch gehackte Kräuter hinzufügen.

3. Zum Anrichten die Rinderlende in Scheiben schneiden und auf das mediterrane Gemüse geben, mit Kräutern und Sprossen garnieren.

INFO

In diesem Gericht sind viele B-Vitamine, Zink und Eisen enthalten. Die Vitamin B12-Versorgung kann vor allem bei Veganern, nach Operationen am Magen sowie am terminalen Ileum kritisch werden. Daher sollte Vitamin B12 regelmäßig und langfristig im Blut vom Arzt überprüft werden (volle B12-Speicher reichen i.d.R. drei bis fünf Jahre).

KALORIEN ARM

VEGE TARISCH

KARTOFFEL-PFIFFERLING-TARTAR

— VON HERBERT HINTNER —

Pfifferlinge gehören zu den Wildpilzen und werden immer im Wald gesammelt. Sie sind sehr beliebt und meist bereits ab Mitte bis Ende Juni zu finden und zu bekommen. Ein regenreicher Sommer kommt den Pfifferlingen besonders entgegen. Die Erntezeit geht von Ende Juni bis November.

4 PORTIONEN

35 MINUTEN

ZUTATEN

280 g vorwiegend festkochende Kartoffeln, geschält
40 g Zwiebeln, abgezogen
1 kleine Knoblauchzehe, abgezogen
2–3 EL Olivenöl
480 g Pfifferlinge
Salz
frisch gehackte Petersilie
1 EL Knoblauchöl
(Herstellung siehe Schritt 2 im Rezept)

ZUM ANRICHTEN
30 ml Balsamicoessig
90 ml Olivenöl
Salz
frisch gemahlener schwarzer Pfeffer
gemischter Salat
(z. B. Feldsalat, Rucola, Endivie, Frisée)

ZUBEREITUNG

1. Kartoffeln, Zwiebeln und Knoblauch in feine Würfel schneiden. In einer Pfanne das Olivenöl erhitzen, Zwiebel- und Knoblauchwürfel darin leicht anschwitzen, dann die Kartoffelwürfel dazugeben und etwa 10 Minuten anschwitzen.

2. Die Pfifferlinge putzen. Einen Teil der Pfifferlinge (280 g) in feine Würfel schneiden, in die Pfanne geben und weitere 5 Minuten dünsten. Mit Salz und Petersilie abschmecken. Die restlichen Pfifferlinge kurz in etwas Knoblauchöl schwenken und salzen.

Für das Knoblauchöl Knoblauchzehen und Öl im Verhältnis 1:7 mit einem Pürierstab oder im Zerkleinerer mixen. Das sind beispielsweise 3 g Knoblauch und 25 ml Öl oder auf Vorrat für große Mengen 30 g Knoblauch und 250 ml Öl. Das Knoblauchöl können Sie einige Tage im Kühlschrank aufbewahren.

3. Balsamicoessig, Olivenöl, Salz und Pfeffer in eine Schüssel geben und gut miteinander verrühren. Zum Anrichten das Kartoffel-Pfifferling-Tartar mithilfe eines Anrichterings auf dem Teller platzieren. Mit Salatblättern und sautierten Pfifferlingen garnieren. Mit Salatvinaigrette beträufeln.

INFO

Dieses Gericht hat eine niedrige Energiedichte (wenig Kalorien pro 100 g) und eignet sich deshalb auch, um abzunehmen. Daneben liefert es viele wichtige Nährstoffe wie Vitamin K, Niacin, Pantothensäure, Biotin, Kalium und Eisen. Pfifferlinge tragen hierzu vor allem viel B-Vitamine, Eisen sowie Vitamin D und Ballaststoffe bei.

Bei starkem Durchfall und in den ersten Wochen nach Operationen am Magen-Darm-Trakt sollten Sie Pilze aufgrund ihres Ballaststoffgehalts meiden.

Insgesamt sind Pilze eine gute Ergänzung der Ernährung. Es wird jedoch aufgrund möglicher Umweltbelastungen empfohlen, nicht mehr als 250 g Waldpilze pro Woche zu verzehren.

NÄHRWERTE pro Portion

162 kcal / 5 g E / 11 g F / 5 g B

KALORIEN REICH

VEGE TARISCH

KARTOFFEL-RICOTTA-RAVIOLI

— VON HANS HAAS —

Eine besondere Variante der beliebten italienischen Spezialität, der Ravioli

4 PORTIONEN

70 MINUTEN

1–2 STUNDEN RUHEZEIT

ZUTATEN

450 g mehligkochende Kartoffeln
Salz
500 g Weizenmehl (Type 405)

FÜR DIE FÜLLUNG
200 g Ricotta
1 EL frisch gehackte Petersilie
1 EL Rapsöl
1 EL klein geschnittene Schalotten
1 Msp. frisch geriebener Knoblauch
Salz
Cayennepfeffer
Zitronensaft
1 Eiweiß, verquirlt

ZUBEREITUNG

1. Die Kartoffeln ungeschält in kochendem Salzwasser garen. Für den Teig 250 g gekochte Kartoffeln schälen und durch die Kartoffelpresse in eine Schüssel drücken.

2. Nun das Mehl, etwas Salz und etwas Wasser dazugeben und mit dem Knethaken oder per Hand zu einem glatten Teig verarbeiten. Den Teig in Klarsichtfolie wickeln und 1–2 Stunden im Kühlschrank ruhen lassen.

3. Für die Füllung die restlichen gekochten Kartoffeln schälen, durch die Kartoffelpresse in eine Schüssel drücken und den Ricotta dazugeben. Dann die Petersilie hinzufügen.

Das Öl in einer Pfanne erhitzen, Schalotten und Knoblauch darin kurz anschwitzen, dann mit der Kartoffel-Ricotta-Masse vermengen.
Die Füllung mit Salz, Cayennepfeffer und einem Spritzer Zitronensaft gut abschmecken.

4. Den Kartoffelteig ausrollen, die Kartoffel-Ricotta-Masse in einen Spritzbeutel füllen und portionsweise auf den Teig geben. Die Ränder um die Masse herum mit etwas verschlagenem Eiweiß bepinseln, zu Ravioli zusammenklappen und an den Rändern gut zusammendrücken.

5. Die Ravioli mit einem Ravioli-Ausstecher ausstechen und in kochendem Salzwasser 2–3 Minuten köcheln lassen, dann vorsichtig mit einer Schöpfkelle herausnehmen und servieren.

INFO

Dieses Gericht eignet sich, um einem Gewichtsverlust entgegenzuwirken. Es liefert überwiegend pflanzliches Eiweiß. Durch die Ergänzung mit Parmesan und Nussbutter kann die Energiedichte weiter erhöht werden.

Kartoffeln lassen sich auf vielfältige Art zubereiten und sind aus unserem täglichen Speiseplan kaum wegzudenken. Sie enthalten ein ganzes Paket lebenswichtiger Inhaltsstoffe wie Vitamin C, B-Vitamine und Kalium.

NÄHRWERTE pro Portion

632 kcal / 20 g E / 11 g F

FISCHPFLANZERL MIT MARINIERTEM FENCHEL

— VON HANS HAAS —

Fenchel aus heimischem Anbau gibt es in Deutschland vor allem von Juni bis Oktober. In dieser Zeit ist er frisch aus biologischem Anbau oder als Freilandgemüse erhältlich. In dieser Form angebaut weist er einen geringeren Nitratgehalt im Vergleich zu konventionellem beziehungsweise Treibhausanbau auf.

4 PORTIONEN | 60 MINUTEN | 1 STUNDE RUHEZEIT

ZUTATEN

FÜR DEN MARINIERTEN FENCHEL

2 Knollen Fenchel
Salz
frisch gemahlener weißer Pfeffer
2 Schalotten, abgezogen, fein gewürfelt und blanchiert
Saft von 2 Orangen
Saft von 2 Limetten
ca. 150 ml Olivenöl
2–3 EL Ofentomaten (siehe Seite 154), gewürfelt
fein geschnittenes Fenchelgrün

FÜR DIE FISCHPFLANZERL

3 Schalotten, abgezogen und gewürfelt
450 g Kabeljaufilet
1 Knoblauchzehe, abgezogen und zerdrückt
100 ml Sauerrahm oder eine pflanzliche Alternative
1 Ei (Größe M)
1 ½ EL Mie de pain
(frisch geriebenes Weißbrot)
1–2 EL frisch gehackte Petersilie
1–2 EL frisch geschnittene Schnittlauchröllchen
Salz
frisch gemahlener weißer Pfeffer
Cayennepfeffer
Zitronensaft
Rapsöl zum Braten

ZUBEREITUNG

1. Für den marinierten Fenchel die Fenchelknollen sehr fein hobeln, salzen, pfeffern, Schalotten, Orangen- und Limettensaft zugeben und alles gut vermischen. Zum Schluss das Olivenöl dazugeben und 1 Stunde im Kühlschrank ziehen lassen.

2. Für die Fischpflanzerl die Schalottenwürfel in einem feinen Sieb in sprudelnd kochendem Wasser 1 Minute blanchieren, in Eiswasser abschrecken und im Sieb abtropfen lassen.

Kabeljaufilet fein würfeln, Schalottenwürfel und Knoblauch hinzufügen und alles locker mit Sahne, Ei, Mie de pain und Kräutern vermischen. Mit Salz, Pfeffer, Cayennepfeffer und einem Spritzer Zitronensaft abschmecken und abgedeckt 15 Minuten im Kühlschrank ziehen lassen.

3. Den Backofen auf 175 °C Ober-/Unterhitze vorheizen. Die Fleischpflanzerlmasse erneut abschmecken, Laibchen daraus formen und diese etwas flach drücken. Die Laibchen in wenig Öl auf beiden Seiten goldgelb anbraten und für 8 Minuten in den vorgeheizten Ofen geben, herausnehmen und auf Küchenpapier gut abfetten lassen.

4. Vor dem Servieren die gewürfelten Ofentomaten zum Fenchel geben und das geschnittene Fenchelgrün untermischen.

5. Den marinierten Fenchel auf einem Teller anrichten und die Fischpflanzerl daraufsetzen.

INFO

Dieses Gericht besitzt eine relativ niedrige Energiedichte und ist daher zum Sattessen geeignet. Fisch enthält wichtige Omega-3-Fettsäuren, die den natürlichen Zelltod (Apoptose) fördern. Es gibt Anzeichen, dass der Konsum von Fisch das Risiko für kolorektale Karzinome vermindert. Fenchel ist ein leicht verträglich und trägt zur Kaliumversorgung bei. Dieses wird von unserem Körper für Muskel- und Nervenfunktionen sowie zur Regulation des Flüssigkeitshaushalts benötigt.

NÄHRWERTE pro Portion

700 kcal / 27 g E / 59 g F

KALORIENREICH
VEGETARISCH

RAHMSPINAT MIT FRITTIERTEM EI

— VON HANS HAAS —

Frittiertes Ei lässt sich schnell und einfach herstellen.
Es ist etwas Besonderes, womit Sie Gäste überraschen und begeistern können.
Achten Sie darauf, das Ei nicht zu lange zu pochieren,
damit das Dotter flüssig bleibt.

4 PORTIONEN

45 MINUTEN

ZUTATEN

3 kleine Schalotten, abgezogen und fein gewürfelt
2 EL Maiskeimöl (alternativ Rapsöl)
250 ml Tomatenessenz (siehe Seite 155)
½ Knoblauchzehe, abgezogen und zerdrückt
Salz
frisch gemahlener weißer Pfeffer
frisch geriebene Muskatnuss
400 ml Sahne oder Hafersahne
300 g Spinat (geputzt gewogen)
100 ml Weißweinessig
6 sehr frische Eier (Größe M)
etwa ½ EL geschlagene Sahne
Weizenmehl (Type 405) zum Panieren
Semmelbrösel zum Panieren
Sonnenblumenöl zum Frittieren

ZUBEREITUNG

1. Eine fein gewürfelte Schalotte in 1 EL Maiskeimöl glasig anschwitzen. Die Tomatenessenz angießen und etwas einkochen lassen.

2. Knoblauch zufügen, mit Salz, Pfeffer und Muskat abschmecken und die Sahne hineingeben. Sauce erneut etwas einkochen lassen, damit sie ein wenig Bindung bekommt.

3. Die restlichen Schalotten im übrigen Maiskeimöl glasig anschwitzen und den Spinat darin andünsten. Mit Salz, Pfeffer und Muskat abschmecken. Spinat und Rahmsauce mischen, fein pürieren, einmal kräftig aufkochen lassen und abschmecken.

4. In einem breiten Topf 2 l Wasser und den Essig aufkochen. Vier Eier einzeln in jeweils eine Tasse aufschlagen. Mit einem Holzlöffel jeweils auf einer Stelle im siedenden Essigwasser rühren und dieses so in Drehung bringen, dass sich ein kleiner Strudel bildet. Jeweils ein Ei hineingleiten lassen und etwa 2 Minuten pochieren. Das Eiweiß soll dann fest, das Eigelb jedoch noch flüssig sein.

Die Eier vorsichtig herausheben, in kaltem Wasser abschrecken, gut trocken tupfen und mit Salz und Pfeffer bestreuen.

5. Die restlichen Eier verschlagen und die geschlagene Sahne zufügen. Die pochierten Eier zuerst in Mehl, dann in den verschlagenen Eiern und zum Schluss in den Semmelbröseln wenden. Panade vorsichtig andrücken und in 175 °C heißem Öl goldbraun frittieren. Das sollte schnell gehen, damit die Dotter flüssig bleiben.

6. Die Eier auf Küchenpapier kurz abfetten lassen und auf dem Rahmspinat anrichten.

INFO

Aufgrund seines Energie- und Eiweißgehalts ist dieses Gericht gut geeignet, um einem Gewichtsverlust entgegenzuwirken. Zudem trägt dieses Gericht besonders durch den Spinat, das Maiskeimöl und die Eier zur Versorgung mit Vitamin E, Folsäure, Vitamin B12, Eisen und Zink bei. Der Spinat enthält viel Vitamin K, welches unter anderem für die Blutgerinnung wichtig ist. Deshalb, aber auch aufgrund vieler weiterer gesunder Inhaltsstoffe ist es empfehlenswert, in die abwechslungsreiche Ernährung zur Prävention von Krebs auch grünes Blattgemüse zu integrieren.

NÄHRWERTE pro Portion

738 kcal / 18 g E / 63 g F

KALORIENREICH

VEGETARISCH

PANIERTE SHIITAKEPILZE MIT SCHNITTLAUCHSAUCE

— VON HANS HAAS —

Ein sehr schnelles und einfaches Rezept. Der Shiitakepilz gehört wie der Champignon und der Austernpilz zu den Zuchtpilzen und ist somit das ganze Jahr verfügbar. Er wächst in Europa nicht in der freien Natur. Der Shiitakepilz stammt ursprünglich aus Japan und China und wird dort seit Langem kultiviert und sowohl als Speise- als auch als Heilpilz eingesetzt.

4 PORTIONEN

20 MINUTEN

ZUTATEN

FÜR DIE SHIITAKEPILZE
500 g Shiitakepilze
Salz
frisch gemahlener weißer Pfeffer
Zitronensaft
50 g Weizenmehl (Type 405) zum Wenden
1–2 Eier (Größe M) zum Wenden, verquirlt
100 g Semmelbrösel zum Wenden
Maiskeimöl (alternativ Rapsöl)
2 Handvoll frische gemischte Salat- und Kräuterblättchen

FÜR DIE SCHNITTLAUCHSAUCE
100 ml Sauerrahm
100 ml Joghurt (3,5 %)
Salz
Cayennepfeffer
1 EL Zitronensaft
1 Bund Schnittlauch, in sehr feine Röllchen geschnitten

ZUBEREITUNG

1. Von den Shiitakepilzen die Stiele entfernen und die Pilze mit einem Tuch abreiben. Salz, Pfeffer und einen Spritzer Zitronensaft dazugeben.

2. Die Pilze zuerst in Mehl, dann in dem gut verschlagenen Ei und zum Schluss in den Bröseln wenden. Die Panade vorsichtig andrücken und nicht haftende Brösel abfallen lassen.

3. Die Pilze in der Pfanne in reichlich, etwa 175 °C heißem Maiskeimöl goldbraun backen und auf Küchenpapier abfetten lassen.

4. Saure Sahne mit dem Joghurt verrühren und mit Salz, Cayennepfeffer und Zitronensaft abschmecken. Erst unmittelbar vor dem Anrichten die Schnittlauchröllchen untermischen.

5. Die Schnittlauchsauce auf vorgewärmten Tellern anrichten, die Pilze daraufgeben und mit den Salat- und Kräuterblättchen garnieren.

NÄHRWERTE pro Portion

473 kcal / 11 g E / 30 g F

INFO

Dieses schnell zubereitete Gericht hat eine mittlere Energiedichte und enthält in erster Linie durch die Pilze wichtige Nährstoffe wie die Vitamine D, E und K sowie Pantothensäure und Biotin.

Pilze besitzen verschiedene bioaktive Substanzen und werden in asiatischen Ländern seit Langem als Heilpilze verwendet. Zu diesen Heilpilzen gehört auch der Shiitake. Hinsichtlich ihres Potenzials, bei Krebserkrankungen eingesetzt zu werden, sind vor allem ihre stimulierende Wirkung auf das Immunsystem sowie direkte, das Krebswachstum hemmende Eigenschaften von Bedeutung. Gute Untersuchungen zu Heilpilzpräparaten als ergänzende Maßnahme zur Krebstherapie gibt es jedoch sehr wenige. Falls gewünscht, muss der Einsatz von Heilpilzpräparaten auf jeden Fall mit einem am besten komplementärmedizinisch erfahrenen Arzt abgesprochen werden.

Im Gegensatz dazu können Sie Pilze in üblichen Mengen gern in Ihre abwechslungsreiche Ernährung einbeziehen, da sie wichtige Nährstoffe enthalten und Studien auf verschiedene gesundheitsförderliche Wirkungen hinweisen.

EIWEISS REICH

SENFGEMÜSE MIT GEKOCHTEM RINDFLEISCH

— VON HERBERT HINTNER —

Bereits in der Antike wurde Senf als Heil- und Würzpflanze verwendet. Senf gibt es in verschiedensten Arten und Geschmacksrichtungen, ob süß oder scharf, fein oder grobkörnig – genauso vielfältig sind auch seine Einsatzmöglichkeiten. Er eignet sich gut als Würze für Salatsaucen, als Bestandteil von Saucen zu warmen Gerichten oder auch, wie bei diesem Rezept, direkt zum Würzen des Gemüses.

4 PORTIONEN

2,5 STUNDEN

ZUTATEN

FÜR DAS RINDFLEISCH
4 Stücke Beinfleisch vom Rind (à 250 g)
Wurzelgemüse (Lauch, Karotte, Sellerie, Zwiebel), geputzt und grob geschnitten
frisch gehackte Petersilie
getrocknete Wacholderbeeren
getrocknete Lorbeerblätter

FÜR DAS SENFGEMÜSE
120 g Perlzwiebeln, abgezogen
180 g Fenchel, geschält
80 g Sellerieknolle, geschält
120 g Zucchini, geputzt
80 g vorwiegend festkochende Kartoffeln, geschält
80 g Kohlrabi, geschält
120 g Karotten, geschält
4 Knoblauchzehen, abgezogen und halbiert
3–4 EL Olivenöl
500–1000 ml Gemüsefond (siehe Seite 150)
120 g Kirschtomaten, geschält
Salz
frisch gemahlener schwarzer Pfeffer
40 g Pommery-Senf (Moutarde de Meaux)

OPTIONAL
frische Kräuter (z. B. 10 Basilikumblätter, ½ EL Thymianblätter, 5 Petersilienblätter)

ZUBEREITUNG

1. Die Beinfleischstücke in einen Topf mit Wasser, dem grob zerschnittenen Wurzelgemüse, Petersilie, Wacholderbeeren und Lorbeerblättern geben und 2–3 Stunden weich kochen. Die Dauer ist abhängig von der Größe der Fleischstücke.

2. Für das Senfgemüse die geputzten Gemüsesorten in beliebig große Stücke schneiden und bis auf die Kirschtomaten mit den Knoblauchzehen in Olivenöl anschwitzen. Mit Gemüsefond aufgießen, sodass das Gemüse leicht bedeckt ist, und etwa 15 Minuten garen.

3. Kurz vor Ende der Garzeit die Kirschtomaten dazugeben. Salzen und pfeffern. Optional das Basilikum in feine Streifen schneiden sowie Thymian und Petersilie fein hacken. Das Gemüse mit den Kräutern und dem Pommery-Senf abschmecken.

4. Zum Anrichten das Senfgemüse in tiefe Teller geben und mit etwas Flüssigkeit begießen. Das Rindfleisch daraufsetzen.

INFO

Senf ist reich an Glucosinolaten, die den Körper dabei unterstützen, der Entstehung von Tumoren vorzubeugen. Sie wirken als Antioxidans, haben antibiotische Eigenschaften und unterstützen das Immunsystem.

Große Mengen an rotem Fleisch sind möglicherweise krebserregend, der Verzehr von bis zu 500 g pro Woche schadet bei einer gesunden Ernährung hingegen nicht. Rotes Fleisch liefert große Mengen an wichtigen Nährstoffen wie Vitamin B12, Zink und Eisen. Von verarbeiteten Fleischprodukten wie Wurst und Schinken wird hingegen abgeraten.

NÄHRWERTE pro Portion

577 kcal / 53 g E / 34 g F / 5 g F

KALORIENREICH

VEGETARISCH

ZWETSCHGENKUCHEN

— VON HANS HAAS —

Zwetschgenkuchen ist der Klassiker von Spätsommer bis Herbst – ein Muss! Heimische Zwetschgen bekommen Sie von Juli bis Oktober.

8 PORTIONEN

40 MINUTEN

40 MINUTEN BACKZEIT

ZUTATEN

3 Eier (Größe M)
400 g weiche Butter
plus etwas Butter zum Einfetten
300 g Zucker
Zesten von ½ Zitrone
½ TL gemahlener Zimt
200 g Vollkornmehl
300 g Walnusskerne, gerieben
500 g Zwetschgen, halbiert und entsteint
Puderzucker zum Bestauben

ZUBEREITUNG

1. Den Backofen auf 160 °C Ober-/Unterhitze vorheizen. Eier und Butter in einer Rührschüssel schaumig schlagen, nach und nach den Zucker dazugeben.

2. Zitronenschale und Zimt hinzufügen und unterrühren, die Masse aus der Schüssel nehmen und dann vorsichtig das Mehl und die geriebenen Walnusskerne unterheben.

3. Die Masse auf ein gefettetes Backblech streichen, die Zwetschgen darauflegen und nach Belieben mit noch etwas Zimt bestreuen.

4. Im vorgeheizten Backofen etwa 45 Minuten goldbraun backen.

5. Den fertigen Kuchen mit Puderzucker bestäuben.

INFO

Der Kuchen ist sehr energiereich, daher eignet er sich bei Appetitlosigkeit und ungewolltem Gewichtsverlust. Durch den hohen Gehalt an Walnüssen deckt bereits eine Portion den gesamten Tagesbedarf an Vitamin E. Zudem ist der Kuchen reich an Vitaminen der B-Gruppe. Die Walnüsse und das Vollkornmehl tragen wesentlich zur Magnesiumzufuhr bei. Eier gehören aufgrund ihres hohen Nährstoffgehalts zu den biologisch wertvollsten Nahrungsmitteln. Entgegen ihres schlechten Rufs ist gegen den Verzehr von drei bis fünf Eiern pro Woche nichts einzuwenden.

NÄHRWERTE pro Portion

923 kcal / 12 g E / 71 g F

WINTER

Dichter Nebel, erster Morgenfrost und Raureif sind seine Vorboten. In der Küche dominiert in der Vorweihnachtszeit das Plätzchenbacken, dann kommt die große Frage nach dem Festtagschmaus. Im Januar und Februar kehrt wieder der Alltag in die Küche ein.

Dies ist keine einfache Zeit für das Thema saisonale, regionale und gesunde Ernährung. Doch auch in dieser Jahreszeit ist das ohne Hexerei möglich.

Die meisten kennen die rote Knolle nur aus dem Glas oder vakuumverpackt, in Scheiben geschnitten und mit markanten Rillen versehen. Die Rote Bete ist gemeint, die man auch ganz einfach im Ofen oder im Dampfkochtopf selber garen kann. Kohl und Feldsalat aus Freilandanbau sind eine hervorragende Basis für Gemüsegerichte. Der Feldsalat, der den ersten Schnee getragen hat, ist seinem Cousin aus dem Gewächshaus übrigens weit überlegen. Rosenkohl und Grünkohl schmecken erst nach dem ersten Frost! Steckrüben und Teltower Rübchen sind weniger bekannt, aber ebenfalls sehr zu empfehlen. Letzteres war schon für Goethe ein Leibgericht. Wintergemüse zeichnet sich durch einen hohen Gehalt an Eisen, Kalium, Vitamin C und sekundären Pflanzenstoffen aus. Das Suchen lohnt sich!

VEGE TARISCH

KALORIEN ARM

EINGELEGTE KAROTTEN MIT BERBERITZEN UND PINIENKERNEN

— VON MARTIN FAUSTER —

Für die Dekoration lassen sich ganz einfach ein paar dünne, gewellte Karottenstreifen herstellen. Schneiden Sie hierzu mit einem Gemüseschäler dünne Streifen der Karotte ab und legen Sie diese mindestens 4 Stunden in kaltes Wasser, am einfachsten also in den Kühlschrank stellen. Der frisch zerkleinerte Szechuanpfeffer verleiht diesem Gericht zusätzlich ein ganz besonderes Aroma. Die Karotten können Sie bereits am Vortag einlegen. Wichtig ist hier, den Koriander erst am Tag der Zubereitung hinzuzufügen, da er sonst an Geschmack und Farbe verliert.

4 PORTIONEN

2 STUNDEN

ZUTATEN

4 Schalotten, abgezogen und gewürfelt
1 TL Koriandersamen
4 getrocknete Wacholderbeeren
1 getrocknetes Lorbeerblatt
Olivenöl
1 l Gemüsefond (siehe Seite 150)
400 ml Tomatenessenz (siehe Seite 155)
Salz
Zucker
2 gelbe Karotten
2 weiße Karotten
2 rote Karotten
2 Urkarotten (violette Karotten)
Weißweinessig
frisch gemahlener schwarzer Pfeffer
½ Bund frisch gehackter Koriander
7 g Pinienkerne
1 Passionsfrucht (Maracuja)
5 g Berberitzen
frisch gemörserter Szechuanpfeffer

ZUBEREITUNG

1. Schalotten, Koriandersamen, Wacholderbeeren und Lorbeerblatt in einem Topf mit etwas Öl anschwitzen. Mit der Gemüsebrühe und Tomatenessenz auffüllen und aufkochen lassen. Fond mit Salz und Zucker abschmecken und auf zwei Töpfe aufteilen.

Gelbe, weiße und rote Karotten schälen, in einen Topf mit Fond geben und darin weich kochen. Im Anschluss die Karotten in ihrem Kochsud auskühlen lassen.

Die Urkarotten ungeschält in dem zweiten Topf weich kochen und auch in ihrem Kochsud auskühlen lassen. Die Kochzeit beträgt etwa 20 Minuten.

2. Karotten aus dem Kochsud nehmen und die Urkarotten schälen. Alle Karotten zum Marinieren in eine (Auflauf-)Form legen. Den Sud aus den beiden Töpfen zusammengeben, lauwarm erhitzt von der Herdplatte nehmen und mit etwas Olivenöl, Essig, Salz, Pfeffer und Koriander abschmecken.

Etwas vom Fond (etwa 2 EL) für die Berberitzen-Pinienkern-Marinade abnehmen.

3. Den abgeschmeckten Kochsud über die Karotten geben und diesen mehrere Stunden marinieren.

4. Für die Berberitzen-Pinienkern-Marinade: Pinienkerne in einer Pfanne ohne Fett anrösten. Kurz abkühlen und mit einem Messer zerkleinern. Passionsfrucht halbieren und das Fruchtfleisch mit einem Löffel aus den Schalen lösen. Berberitzen klein schneiden und beides mit dem Kochsud, Salz, etwas (im Mörser) zerstoßenen Szechuanpfeffer und den zerkleinerten Pinienkernen vermischen.

5. Zum Anrichten die Karotten aus dem Sud nehmen, halbieren und auf Tellern verteilen. Die Berberitzen-Pinienkern-Marinade darübergeben.

INFO

Diese Vorspeise hat eine sehr niedrige Energiedichte und eignet sie sich daher, um gesund abzunehmen. Zudem enthalten Karotten reichlich Betakarotin, eine Vorstufe vom Vitamin A, welches wichtig für das Immunsystem, unsere Haut und die Schleimhäute ist. Betakarotin wirkt im Körper unter anderem als Antioxidans und hilft somit, das Erbgut (DNA) vor Schäden durch freie Radikale zu schützen und Krebs vorzubeugen.

NÄHRWERTE pro Portion

51 kcal / 2 g E / 2 g F

VEGE TARISCH

CHICORÉEGEMÜSE MIT BLUTORANGEN

— VON MARTIN FAUSTER —

Chicorée ist ganzjährig aus heimischem Anbau erhältlich, jedoch gibt es im Winter das größte Angebot. Man kann ihn vielseitig zubereiten – sowohl als Gemüse wie auch als Salat. Wie Radicchio und Endivien gehört er zur Salatgruppe der Zichorien, die sich durch einen höheren Gehalt an Bitterstoffen auszeichnen. Neuere Züchtungen enthalten weniger Bitterstoffe, da viele Verbraucher das bevorzugen. Um zu verhindern, dass der Chicorée bitter schmeckt, kann man ihn sehr gut in lauwarmem Wasser einlegen. Statt der Blutorangen können Sie alternativ auch rosa Grapefruits verwenden. Gern gebe ich zum Schluss noch etwas frisch geriebene Pistazien über dieses Gericht.

4 PORTIONEN

45 MINUTEN

ZUTATEN

2 Blutorangen (alternativ rosa Grapefruits)
4 Chicorée
1 EL Puderzucker
1 EL Butter
Gemahlener Kardamom nach Belieben
Salz

ZUBEREITUNG

1. Die Blutorangen mit dem Messer vorsichtig schälen und die Filets zwischen den Segmenten herausschneiden. Die restliche Blutorange gut ausdrücken, den Saft dabei auffangen.

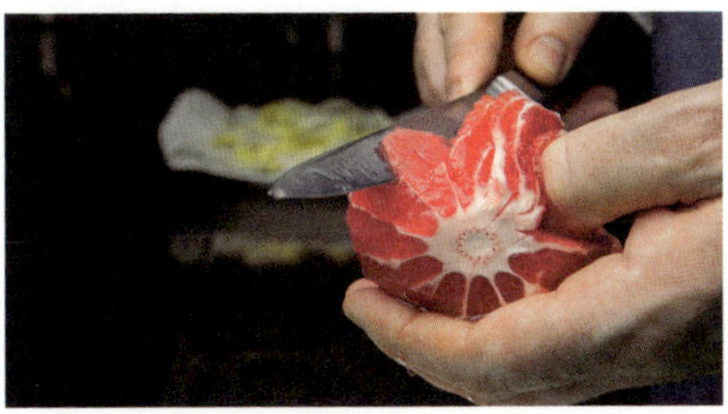

2. Die Chicorée halbieren und den dicken Strunk herausschneiden. Die Blätter auseinandernehmen und etwa 30 Minuten in lauwarmes Wasser legen. Danach diese mit einer Salatschleuder trocknen (alternativ mit Küchenpapier trocken tupfen).

3. Den Puderzucker in einer großen, hochrandigen Pfanne karamellisieren. Hierfür den Puderzucker gleichmäßig und dünn über den gesamten Pfannenboden verteilen und erhitzen. Dann die Butter darin schmelzen lassen und die trockenen Chicoréeblätter darin kurz anschwenken.

4. Den Chicorée mit Kardamom und Salz bestreuen. Mit dem Blutorangensaft ablöschen und kurz andünsten. Zum Schluss die Blutorangenfilets dazugeben, sodass sie möglichst wenig zerfallen, und etwas kalte Butter zum Binden des Gemüses unterheben.

INFO

Beachten Sie, dass Grapefruits Substanzen enthalten, die den Abbau und somit die Wirkung von vielen Medikamenten beeinträchtigen können. Verwenden Sie für dieses Rezept Blutorangen, wenn Sie Medikamente nehmen.

Chicorée ist reich an Betakarotin, das von unserem Körper besonders gut aufgenommen werden kann, wenn dieser erhitzt wurde und mit etwas Fett zubereitet ist. Für Karotinoide sind gesundheitsförderliche und vor Krebs schützende Wirkungen bekannt. Jedoch sollten – wie für Vitamin A auch – keine Nahrungsergänzungsmittel eingenommen werden, da ausreichende Mengen in einer abwechslungsreichen Ernährung enthalten sind und zu hohe Mengen wahrscheinlich bestimmte Krebsarten fördern können.

Der in Zichorien-Salaten wie Chicorée enthaltene Bitterstoff Intybin kann appetitanregend und verdauungsfördernd wirken.

Wenn Sie abnehmen möchten, verwenden Sie die Butter sparsam, so erhalten Sie eine leichte und erfrischende Vorspeise.

NÄHRWERTE pro Portion

168 kcal / 2 g E / 17 g F

HÜHNERSUPPE

EIWEISS REICH

DAS BASISREZEPT
— VON ECKART WITZIGMANN —

Seit Jahrhunderten gilt die Hühnersuppe als eines der besten Hausmittel gegen Erkältungen. Tatsächlich weisen auch erste wissenschaftliche Daten darauf hin, denn eine frisch zubereitete Hühnersuppe kann Zellen, die an der einhergehenden unspezifischen Entzündungsreaktion beteiligt sind, hemmen. Wichtig beim Kochen: Den Schaum nicht abschöpfen! Er sorgt für eine klare Brühe.

4 PORTIONEN **90 MINUTEN**

ZUTATEN

1 Suppenhuhn (mindestens 1 kg)
½ mittelgroße Zwiebel
1 getrocknetes Lorbeerblatt
3 Gewürznelken
200 g Knollensellerie, geschält
135 g Karotten, geschält
130 g Lauch, geputzt
1 Bouquet garni
(3 Petersilienstängel, 1 Thymianzweig, 1 grünes Lauchblatt mit Küchengarn zusammenbinden)
Meersalz
frisch gemahlener schwarzer Pfeffer
feine Schnittlauchröllchen

NÄHRWERTE pro Portion

450 kcal / 40 g E / 30 g F

ZUBEREITUNG

1. Suppenhuhn zerlegen und mit etwa 2 l Wasser in einen großen Topf geben.

2. Die Zwiebel mit dem Lorbeerblatt und den Nelken spicken. Gemüse grob in Stücke schneiden. Alles zusammen mit dem Kräutersträußchen in den Topf geben, langsam aufkochen lassen. Salzen und pfeffern und 2 Stunden ohne Deckel kochen lassen.

3. Die Brühe durch ein Sieb passieren, das mit einem Tuch ausgelegt ist. Karotten- und Lauchstücke zurückbehalten.

4. Karotten- und Lauchstücke mit dem Hähnchenfleisch in die passierte Suppe geben und mit Schnittlauch bestreut servieren. Nach Belieben Grießnocken, Tortellini oder andere Pasta hinzufügen (siehe Serviervorschlag).

INFO

Diese milde Suppe ist leicht verdaulich. Sie liefert zudem Energie, Eiweiß und viele Nährstoffe, die helfen, einem ungewollten Gewichtsverlust und Mangelernährung entgegenzuwirken und die Muskelmasse zu erhalten.

VEGE TARISCH

KICHERERBSENCREMESUPPE MIT KREUZKÜMMEL

— VON MARTIN FAUSTER —

Kichererbsen sind vielfältig einsetzbar und erfreuen sich vor allem im Orient großer Beliebtheit, ob als Brotaufstrich und Dip (Hummus), Falafel oder Eintopf. Auch in der deutschen Küche erhalten diese leicht nussig schmeckenden Eiweißlieferanten immer mehr Zuspruch. Ihr Eigengeschmack ist vergleichsweise mild. Sie harmonieren deshalb gut mit kräftigen Gewürzen, vom Kreuzkümmel bis zu frischen Kräutern. Geben Sie auf die Reihenfolge beim Würzen acht, denn Safran und Curry sollten nur kurz angeröstet werden, da sonst Bitterstoffe entstehen können.

4 PORTIONEN **1,5 STUNDEN**

ZUTATEN

50 ml Olivenöl
2 Schalotten, abgezogen und grob geschnitten
50 g Fenchel, geschält und grob geschnitten
50 g Staudensellerie, geputzt und in Stücke geschnitten
1 Knoblauchzehe, mit Schale angedrückt
1 getrocknetes Lorbeerblatt
1 Zweig frischer Thymian
200 g getrocknete Kichererbsen
(am Vortag einweichen)
1 Tomate, geschnitten
1 kleine Scheibe frischer Ingwer
Salz
frisch gemahlener schwarzer Pfeffer
½ TL gemahlene Kurkuma
½ TL Anapurna-Currypulver
15 Safranfäden
1 l Gemüsefond (siehe Seite 150)
500 ml Tomatenessenz (siehe Seite 155)
250 ml Sahne oder Hafersahne
gemahlener Kreuzkümmel
3 EL Butter

ZUBEREITUNG

1. Das Olivenöl in einem Topf erhitzen. Schalotten, Fenchel, Staudensellerie, Knoblauch, das Lorbeerblatt und den Thymianzweig darin anschwitzen. Die eingeweichten und abgetropften Kichererbsen dazugeben und kurz rösten. Danach die Tomaten und den Ingwer hinzufügen.

2. Den Ansatz jetzt salzen, pfeffern und zum Schluss Kurkuma, Currypulver und die Safranfäden dazugeben. Mit der Gemüsebrühe und der Tomatenessenz auffüllen. Die Suppe 45 Minuten köcheln lassen.

3. Anschließend die Sahne zugeben und einmal aufkochen lassen. Nun ein paar Kichererbsen als Einlage für die Suppe herausnehmen und beiseitestellen.

4. Die Suppe mixen.

5. Um noch in der Suppe enthaltene gröbere Stücke, zum Beispiel Schalen, zu entfernen, die Suppe durch ein Sieb passieren.

6. Für die Kreuzkümmelbutter den gemahlenen Kreuzkümmel mit brauner Butter im Verhältnis zwei Teile Butter und ein Teil Kreuzkümmel vermengen.

7. Die beiseitegestellten Kichererbsen auf heiße Teller verteilen. Die heiße Suppe mit einem Stabmixer schaumig aufmixen und in die Teller gießen. Die Kreuzkümmelbutter tropfenweise in die Suppe geben.

INFO

Kichererbsen sind reich an Vitaminen, Mineralstoffen und Spurenelementen. Dieses Gericht liefert einen wesentlichen Beitrag zur Versorgung mit den Vitaminen A und E.

Flüssige Lebensmittel wie Suppen passieren den Magen schneller und führen so zu einer geringeren Sättigung, man verspürt schneller wieder Hunger. Das kann helfen, Gewicht zuzunehmen.

Hülsenfrüchte sind gute Eiweißlieferanten. Aufgrund ihres Ballaststoffgehalts fördern sie zudem Verdauung und Darmgesundheit. Gerade für Ballaststoffe gibt es gute Hinweise, dass diese einen wichtigen Beitrag für die Gesundheit und die Prävention von bestimmten Krebserkrankungen leisten können. Besonders in Bezug auf Dickdarmkrebs zeigen wissenschaftliche Studien, dass ballaststoffreiche Lebensmittel das Erkrankungsrisiko senken können. Neben Ballaststoffen in Obst, Gemüse und Hülsenfrüchten scheinen diejenigen aus Vollkorngetreide besonders wirksam zu sein.

NÄHRWERTE pro Portion

517 kcal / 10 g E / 44 g F

VEGE TARISCH

EIWEISS REICH

LAUWARMER SAIBLING MIT SCHWARZWURZEL

— VON MARTIN FAUSTER —

Die Schwarzwurzel wird erst seit dem 17. Jahrhundert kultiviert und kam aus Spanien zu uns. Sie wird auch als „Spargel des Winters“ bezeichnet, denn sie ähnelt ihm sowohl im Aussehen nach dem Schälen als auch im Geschmack. Es gibt vielfältige Möglichkeiten der Zubereitung. In diesem Rezept finden Sie gleich drei Varianten.

4 PORTIONEN   1,5 STUNDEN

ZUTATEN

FÜR DAS SCHWARZWURZELPÜREE
300 g Schwarzwurzel, geschält
200 ml Milch (3,5 %) oder eine pflanzliche Alternative
100 ml Wasser
Salz
50 g Butter

FÜR DEN SAIBLING
600 g Saiblingsfilet ohne Haut
Salz
Olivenöl

FÜR DIE GEBRATENEN SCHWARZWURZELN
200 g Schwarzwurzel, geschält
Rapsöl
Salz
Orangenabrieb

FÜR DIE SCHWARZWURZELCHIPS
1 Schwarzwurzel, geschält
Maiskeimöl
Salz

AUSSERDEM
Milch (3,5 %) zum Einlegen

ZUBEREITUNG

1. Alle Schwarzwurzeln schälen und bis zu ihrer weiteren Verwendung in Milch einlegen, damit sie ihre weiße Farbe behalten. Für das Püree 300 g Schwarzwurzeln in Stücke schneiden und in einer Mischung aus Milch und 100 ml Wasser mit etwas Salz etwa 15 Minuten weich kochen.

2. Den Backofen auf 70 °C Ober-/Unterhitze vorheizen. Den Saibling salzen, dann entweder auf ein geöltes Backblech, in eine Auflaufform oder auf einen Teller legen. Mit Folie abdecken und etwa 15 Minuten im Ofen garen.

3. Für die gebratenen Schwarzwurzeln 200 g Schwarzwurzeln in etwa 5 mm dicke Scheiben schneiden. Etwas Rapsöl in einer Pfanne erhitzen und die Scheiben darin bei mittlerer Temperatur goldbraun braten. Mit Salz und Orangenabrieb abschmecken. Auf Küchenpapier legen.

4. Für die Chips die restliche Schwarzwurzel mit dem Gemüseschäler in feine Streifen schälen. Das Öl in einem Topf auf 160 °C erhitzen und die Streifen darin etwa 20 Sekunden knusprig ausbacken. Danach auf Küchenpapier legen und etwas salzen.

5. Für das Püree nach dem Kochen die Schwarzwurzeln in ein Sieb abgießen, die Flüssigkeit dabei auffangen. Die Schwarzwurzeln im Mixer fein pürieren. Nach und nach etwas Kochflüssigkeit dazugeben, bis die gewünschte Konsistenz erreicht ist, mit Salz und brauner Butter abschmecken und auf Tellern mit gebratenen Schwarzwurzeln und Schwarzwurzelchips anrichten.

INFO

Dieses Gericht ist reich an Eiweiß und eignet sich auch gut, wenn Sie nicht zunehmen möchten. Ebenso ist dieses Gericht reich an Nähr- und Ballaststoffen. Mit einer Portion decken Sie in etwa die Tagesempfehlungen für Vitamin E, Niacin, B6 und B12. Große Mengen an B-Vitaminen liefert der Saibling, die Schwarzwurzeln hingegen viel Vitamin E, ein wichtiges Antioxidans.

Schwarzwurzeln enthalten zudem große Mengen des wasserlöslichen Ballaststoffs Inulin. Er dient als Präbiotikum der Ernährung von Darmbakterien und unterstützt die Darmtätigkeit sowie die Darmgesundheit.

NÄHRWERTE pro Portion

431 kcal / 32 g E / 32 g F

EIWEISS REICH

KALORIEN REICH

SCHÜTTELBROTRAVIOLI MIT TOPFEN

— **VON HERBERT HINTNER** —

Schüttelbrot bezeichnet ein in Südtirol verbreitetes hartes, aber trotzdem knuspriges Fladenbrot. Durch seine Konsistenz ist es lange haltbar. Traditionell wird es mit Speck oder Käse zur Marende, dem Südtiroler Äquivalent der Brotzeit, gegessen.

4 PORTIONEN

85 MINUTEN

ZUTATEN

FÜR DIE SCHÜTTELBROTRAVIOLI
160 g Schüttelbrot, fein gerieben, plus einige Brösel zum Garnieren
200 g Weizenmehl (Type 405)
Salz
3 Eier (Größe M)

FÜR DIE FÜLLUNG
300 g Topfen (Quark)
100 g Alpkäse, fein gewürfelt, plus Raspel zum Garnieren
50 g geschmorte Zwiebeln (siehe Seite 158)
Salz, frisch gemahlener schwarzer Pfeffer

FÜR DIE SCHNITTLAUCHSAUCE
100 ml Gemüsefond (siehe Seite 150)
30 g mehligkochende Kartoffeln, gekocht und in Scheiben geschnitten
30 g Schnittlauch, fein geschnitten, plus Röllchen zum Garnieren
Salz, frisch gemahlener schwarzer Pfeffer

ZUM ANRICHTEN
zerlassene Butter
80 g Südtiroler Bauernspeck, in Streifen geschnitten

ZUBEREITUNG

1. Schüttelbrot mit Mehl und Salz vermengen, auf die Arbeitsplatte sieben und in die Mitte eine Mulde hineindrücken. Eier hineingeben und von innen nach außen einrühren (bei Bedarf Wasser dazugeben). Etwa 10 Minuten kneten. Teig in Klarsichtfolie wickeln und 2 Stunden kalt stellen.

2. Topfen in ein Küchentuch geben, gut ausdrücken und mit Alpkäse, geschmorten Zwiebeln, Salz und Pfeffer verrühren. Den Nudelteig mit der Nudelmaschine, dünn ausrollen, Kreise (ca. 8 cm Durchmesser) ausstechen und etwas von der Topfenmasse in die Mitte setzen.

3. Die Ränder mit Wasser bestreichen, übereinanderklappen und fest andrücken. Die Ravioli in Salzwasser 3–4 Minuten kochen.

4. Für die Schnittlauchsauce: Fond mit Kartoffelscheiben zum Kochen bringen. Schnittlauch, Salz und Pfeffer zugeben, aufkochen und fein pürieren.

5. Ravioli mit Schnittlauchsauce anrichten, mit Bröseln, Käseraspel und Schnittlauchröllchen bestreuen, mit Butter beträufeln. Nach Belieben Bauernspeck dazu reichen.

NÄHRWERTE pro Portion

619 kcal / 32 g E / 31 g F / 6 g B

INFO

„Tiroler Alpkäse“ besteht aus roher Kuhmilch, die reich an Vitamin E, Eisen und ungesättigen Fettsäuren ist.

ZANDER MIT ROTE-BETE-GRAUPEN

EIWEISS REICH

— VON MARTIN FAUSTER —

Rote Bete gibt es das ganze Jahr aus heimischem Anbau zu kaufen, jedoch ist das Angebot im Winter besonders groß. Sie enthält viele sekundäre Pflanzenstoffe sowie reichlich Mineralstoffe und Vitamine. Man kann sie sowohl roh für Salate verwenden als auch gekocht als Gemüse in vielen Varianten zubereiten.

4 PORTIONEN

2 STUNDEN

ZUTATEN

FÜR DIE ROTE-BETE-GRAUPEN
4 Knollen Rote Bete
200 g feinkörniges Salz
Kümmelsamen
80 g mittelgroße Perlgraupen
Salz
30 g Schalotten
Olivenöl
100 ml Gemüsebrühe
Apfelessig
Walnussöl
1 TL frisch gehackte Petersilie

FÜR DEN ZANDER
600 g Zanderfilet mit Haut
Salz
Olivenöl
1 Zweig frischer Thymian
1 Knoblauchzehe, mit Schale angedrückt
Butter

OPTIONAL
frisch geriebener Meerrettich zum Bestreuen

ZUBEREITUNG

1. Den Backofen auf 180 °C Ober-/Unterhitze vorheizen. Für die Rote-Bete-Graupen die Roten Beten mit Schale gut waschen, auf ein Bett aus feinkörnigem Salz und Kümmelsamen stellen und im Backofen 90 Minuten schmoren lassen. Dann herausnehmen, abkühlen lassen, schälen und in 4 mm feine Würfel schneiden. Hierbei am besten Einmalhandschuhe anziehen und ein Backpapier auf das Schneidebrett legen, so sind Hände und Brett vor der Gemüsefarbe geschützt.

2. Die Perlgraupen mit kaltem Wasser abspülen und in gesalzenem Wasser gar kochen. In der Zwischenzeit die Schalotten abziehen, in kleine Würfel schneiden und in einem feinen Sieb kurz in heißes Wasser tauchen.

3. In einem Topf das Olivenöl erhitzen, die Schalotten darin anschwitzen. Rote Bete hinzufügen, dann die Graupen dazugeben, mit der Gemüsebrühe auffüllen und sämig köcheln lassen. Sobald die Konsistenz eines Risottos erreicht ist, mit Apfelessig und Walnussöl abschmecken. Zum Schluss die gehackte Petersilie dazugeben.

4. Den Zander waschen, trocken tupfen, salzen und auf der Hautseite in einer beschichteten Pfanne bei mittlerer Temperatur in etwas Olivenöl knusprig braten. Den Thymianzweig und die angedrückte Knoblauchzehe mit etwas Butter dazugeben, mit einem Löffel die Mischung immer wieder über den Zander gießen.

5. Zum Anrichten die Rote-Bete-Graupen auf warmen Tellern verteilen, den knusprig gebratenen Zander daraufsetzen und optional mit frisch geriebenem Meerrettich garnieren.

INFO

Zander gehört zu den fettarmen Fischen und liefert reichlich leicht verdauliches Eiweiß.

Rote Bete ist gesund und wird in der Naturheilkunde unter anderem zur Unterstützung der Blutbildung gegeben. Jedoch gibt es in Bezug auf eine mögliche krebshemmende Wirkung keine Belege.

Aufgrund des hohen Gehalts an Oxalsäure sollten Menschen, die zu oxalhaltigen Nierensteinen neigen oder einen Fettstuhl aufweisen, der das begünstigen kann, lieber auf den Verzehr von Rote Bete verzichten.

NÄHRWERTE pro Portion

431 kcal / 32 g E / 32 g F

BLUMENKOHL-QUINOA

VEGETARISCH

— VON MARTIN FAUSTER —

Quinoa, eine genügsame Pflanze und ein Grundnahrungsmittel vor allem in der Andenregion Südamerikas, erfreut sich in Deutschland immer größerer Beliebtheit. Aufgrund neuer Züchtungen enthält sie keine Bitterstoffe mehr und kann auch gut in Europa angebaut werden. Quinoa zeichnet sich durch hochwertiges Eiweiß aus und ist glutenfrei.

4 PORTIONEN

1 STUNDE

ZUTATEN

350 g Blumenkohl
50 g Brokkoli
50 g weiße Quinoa
50 g schwarze Quinoa
Salz
200 ml Milch (3,5 % Fett)
frisch geriebene Muskatnuss
70 g Butter
Olivenöl
Zitronenabrieb

ZUBEREITUNG

1. Mit einem Gemüsehobel beziehungsweise Gemüseschäler etwa 90 g vom Blumenkohl abreiben. Den Brokkoli in kleine Röschen teilen. Beides beiseitestellen.

2. Beide Quinoasorten getrennt in Salzwasser weich kochen und danach gut abtropfen lassen.

Währenddessen den restlichen Blumenkohl für das Blumenkohlpüree in einer Mischung aus Milch und 100 ml Wasser mit etwas Salz und Muskat weich kochen (etwa 15 Minuten).

3. Den weich gekochten Blumenkohl in ein Sieb abschütten, die Flüssigkeit dabei auffangen, und in einem Mixer pürieren. Nach und nach etwas Kochflüssigkeit dazugeben, bis die gewünschte Konsistenz erreicht ist. Anschließend mit etwas brauner Butter, Salz und Muskatnuss abschmecken. Das Püree bis zum Anrichten bei geringer Temperatur abgedeckt warm stellen.

4. In einer Pfanne etwas Olivenöl erhitzen. Die Brokkoliröschen darin farblos anschwitzen, kurz darauf den geriebenen Blumenkohl dazugeben und mit anschwitzen. Dann die Quinoa dazugeben, mit etwas Salz, Muskatnuss und Zitronenabrieb abschmecken und auf Tellern anrichten.

INFO

Dieses Gericht liefert durch die enthaltenen Kohlsorten große Mengen der Vitamine K und C sowie hochwertiges pflanzliches Eiweiß durch die Quinoa.

Während der Erkrankungs- und Therapiephase ist es wichtig, auf eine ausreichende Eiweißzufuhr zu achten. Vor allem, wenn wenig Fleisch verzehrt wird, ist eine Ergänzung der Ernährung mit Quinoa, Hülsenfrüchten, Getreide und Milchprodukten (zum Beispiel Quark, Käse) geeignet. Besonders empfehlenswert ist es, über den Tag verteilt verschiedene der genannten Eiweißquellen zu sich zu nehmen, da sie sich in ihrer Zusammensetzung der Eiweißbestandteile (Aminosäuren) ergänzen können und somit der Bedarf auch mit etwas geringeren Mengen gedeckt werden kann.

NÄHRWERTE pro Portion

283 kcal / 7 g E / 20 g F

EIWEISS REICH

KALORIEN REICH

KARTOFFEL-LAUCH-RÖSTI MIT GEBEIZTER SEEFORELLE UND APFELSCHMAND

— VON MARTIN FAUSTER —

Früher wurde das Beizen oder Marinieren von Fisch vor allem dazu verwendet, ihn länger haltbar zu machen (Salz entzieht Wasser, Salz konserviert auch). Heutzutage wird es vermehrt dafür eingesetzt, ihm durch die Gewürze und Kräuter ein besonderes Aroma zu verleihen.

4 PORTIONEN

45 MINUTEN

2 TAGE RUHEZEIT

ZUTATEN

FÜR DIE GEBEIZTE SEEFORELLE
5 g getrocknete Wacholderbeeren
2 g Korianderkörner
2 g weiße Pfefferkörner
Saft und Zesten von ½ unbehandelten Zitrone
120 g frischer Dill
80 g frische Petersilie
10 ml Weißweinessig
70 ml Olivenöl
27 g Salz
5 g Zucker
500 g Seeforellenfilet

FÜR DEN APFELSCHMAND
1 Apfel (Granny Smith)
150 ml Schmand
Salz
Zitronensaft
Cayennepfeffer

FÜR DIE KARTOFFEL-LAUCH-RÖSTI
100 g Lauch
500 g festkochende Kartoffeln
Salz
1 Eigelb
frisch geriebene Muskatnuss
Rapsöl

ZUBEREITUNG

1. Wacholderbeeren, Korianderkörner und Pfefferkörner im Mörser fein reiben und mit den restlichen Zutaten bis auf das Forellenfilet vermengen. Das Forellenfilet in die Marinade geben und vorsichtig damit einreiben.

2. Für 2 Tage im Kühlschrank beizen. Nach einem Tag den Fisch wenden.

Den Fisch vorsichtig herausnehmen, mit einem Löffel die Beize entfernen, den Fisch von der Haut nehmen und in dünne Scheiben schneiden.

4. Für den Apfelschmand den Apfel schälen und in kleine Würfel schneiden. Mit dem Schmand verrühren und mit Salz, Zitronensaft und Cayennepfeffer abschmecken.

5. Für die Kartoffel-Lauch-Rösti den Lauch putzen, waschen und in feine Streifen schneiden. Die Kartoffeln schälen und grob reiben. Lauch und Kartoffeln in eine Schüssel geben und salzen. Sobald beides Wasser gezogen hat, leicht ausdrücken, mit dem Eigelb vermengen und mit Salz und Muskat abschmecken.

6. Das Rapsöl in eine beschichtete Pfanne mit einem Durchmesser von etwa 12 cm geben und die Röstimasse leicht hineindrücken. Den Boden nur dünn mit der Masse ausfüllen. Bei niedriger Temperatur von beiden Seiten goldgelb backen (insgesamt etwa 10 Minuten), sodass die Rösti außen knusprig und innen saftig sind.

7. Kartoffel-Lauch-Rösti mit Seeforelle und Apfelschmand auf Tellern anrichten und servieren.

INFO

Dieses Gericht ist eiweiß- und nährstoffreich. Es enthält unter anderem viel Vitamin-B12 und Vitamin D. Letzteres reguliert den Kalzium- und Phosphatstoffwechsel und ist wichtig für den Knochenaufbau. Daneben spielt es unter anderem für die Bauchspeicheldrüse, die Haut und das Immunsystem eine wichtige Rolle. Eine adäquate Versorgung mit Vitamin-D scheint unterstützend in der Krebsprävention als auch während der Therapie zu wirken. Neben den Vitaminen D und B12 sind Forellen reich an Omega-3-Fettsäuren. Diese können der Tumorentstehung entgegen wirken.

NÄHRWERTE pro Portion

575 kcal / 29 g E / 40 g F

EIWEISS REICH

KALORIEN ARM

POLTINGER LAMM MIT GELBEN LINSEN UND GEWÜRZJOGHURT

— VON MARTIN FAUSTER —

Der in Niederbayern gelegene Gutshof Polting steht für besonders hohe Fleischqualität, auch durch die natürliche Haltungsform und Fütterung der Tiere.

4 PORTIONEN

1 STUNDE

ZUTATEN

FÜR DIE GELBEN LINSEN
50 g Schalotten, abgezogen
1 Knoblauchzehe, abgezogen
20 ml Olivenöl
150 g gelbe Linsen
2 Msp. Annapurna-Currypulver
2 TL gemahlener Kreuzkümmel
2 TL gemahlener Koriander
1 Msp. gemahlene Kurkuma
1 Tomate
700 ml Gemüsefond (siehe Seite 150)
1 getrocknetes Lorbeerblatt
2 Zweige frischer Thymian
1 EL frisch gehackter Koriander

FÜR DAS LAMM
800 g Lammrücken ohne Knochen
Salz
frisch gemahlener schwarzer Pfeffer
frisch gehackter Thymian
frisch gehackter Rosmarin
Rapsöl
1 Knoblauchzehe, abgezogen und angedrückt
1 Zweig frischer Thymian
evtl. etwas Butter

FÜR DEN GEWÜRZJOGHURT
¼ Muskatnuss
2 Kardamomkapseln
½ TL Koriandersamen
½ TL Anissamen
½ TL Kreuzkümmelsamen
80 g Joghurt

ZUBEREITUNG

1. Für die Linsen Schalotten und Knoblauchzehe fein würfeln. In einem Topf die Hälfte des Olivenöls erhitzen, Zwiebeln und Knoblauch darin glasig anschwitzen. Linsen dazugeben und kurz mit anschwitzen. Gewürze hinzufügen und kurz anrösten. Tomate waschen, den Stielansatz entfernen und das Fruchtfleisch klein schneiden, in den Topf geben und anschmoren lassen. Nun mit der Gemüsebrühe nach und nach auffüllen, das Lorbeerblatt und die Thymianzweige hinzufügen und bei geringer Temperatur etwa 15 Minuten weich kochen. Mit dem restlichen Olivenöl, Salz und Koriander abschmecken.

2. Den Lammrücken in kleine Medaillons schneiden, auf beiden Seiten salzen und pfeffern und die gehackten Kräuter darübergeben. Den Backofen auf 150 °C Ober-/Unterhitze vorheizen.

3. In einer Pfanne das Rapsöl erhitzen, die Knoblauchzehe und den Thymian hineingeben und die Medaillons darin sanft anbraten. Das Fleisch auf den Gitterrost des Ofens geben und etwas zum Auffangen darunterstellen. Das Fleisch 12–15 Minuten im Ofen rosa braten. Medaillons dabei mehrmals wenden.

4. Für den Gewürzjoghurt die Gewürze im Mörser fein zerstoßen, mit dem Joghurt vermengen und im Kühlschrank ziehen lassen. Nach etwa 1 Stunde durch ein feines Sieb passieren, um die Gewürze herauszufiltern, dann den Joghurt im Kühlschrank aufbewahren (kann man auch gut am Vortag zubereiten). Lammmedaillons mit den Linsen und dem Gewürzjoghurt servieren.

INFO

Dieses Gericht liefert große Mengen Eiweiß, ist reich an Nährstoffen, enthält nur wenig Fett und hat eine geringe Energiedichte. Bereits eine Portion deckt die Tagesempfehlungen an den Vitaminen K, B12 und Niacin sowie an Zink. Zudem trägt es wesentlich zur Versorgung mit den Vitaminen B1, B2 und B6 bei. B-Vitamine werden für vielfältige Aufgaben im Stoffwechsel unserer Zellen benötigt.

NÄHRWERTE pro Portion

417 kcal / 52 g E / 15 g F

KALORIEN REICH

GEWÜRZ-GRIESSFLAMMERI MIT MANDARINENRAGOUT UND TROCKENFRÜCHTEN

— **VON MARTIN FAUSTER** —

Den Grießbrei am besten bereits am Vortag zubereiten. Auch das Mandarinenragout können Sie schon im Voraus herstellen. Als Garnitur sind Granatapfelkerne sehr schön und passend.

4 PORTIONEN | **1 STUNDE** | **2–6 STUNDEN KÜHLZEIT**

ZUTATEN

FÜR DEN GEWÜRZ-GRIESSFLAMMERI
2 Blatt Gelatine
250 ml Milch (3,5 % Fett)
40 g Zucker
1,5 g Quatre épices (Gewürzmischung)
1 Vanilleschote
1 Sternanis
1 Prise Salz
40 g Dinkelgrieß
250 g halbsteif geschlagene Sahne
30 g getrocknete Pflaumen
25 g getrocknete Aprikosen
25 g getrocknete Cranberrys
Abrieb von ½ unbehandelten Zitrone

FÜR DAS MANDARINENRAGOUT
400 ml frisch gepresster, passierter Mandarinensaft
8 g Mondamin (Speisestärke)
4 Mandarinen
1 Spritzer Zitronensaft
Abrieb von ½ unbehandelten Mandarine

ZUBEREITUNG

1. Gelatine in kaltem Wasser einweichen. Milch, Zucker und alle Gewürze in einen Topf geben. Hierzu die Vanilleschote halbieren, das Mark mit einem Messer herauskratzen und beides in die Milch geben. Die Milch einmal aufkochen.

2. Grieß mit einem Schneebesen unter Rühren zugeben und 4–5 Minuten unter ständigem Rühren bei mittlerer Temperatur köcheln lassen, bis ein dicker Grießbrei entsteht.

3. Brei vom Herd nehmen, die eingeweichte Gelatine ausdrücken und unterrühren. Die Masse auf einem Backblech ausbreiten und abkühlen lassen.

4. Vanilleschote und Sternanis aus der Grießmasse entfernen. Die Masse in eine Schüssel geben und kurz mit einem Schneebesen verrühren. Erst die halbsteife Sahne, dann die klein geschnittenen Trockenfrüchte und den Zitronenabrieb unterheben. In eine Terrinenform oder Gläser (Tumbler) geben und kühl stellen (am besten bereits am Vortag, damit der Grießflammeri richtig fest wird).

5. Für das Mandarinenragout den Mandarinensaft erhitzen und kurz etwas reduzieren lassen. Stärkemehl mit 3 EL Wasser anrühren, Saft damit binden und einmal aufkochen lassen.

Mandarinen schälen, in Spalten teilen und in Wasser einweichen. Dann das Weiße, was sich noch an der Haut befindet, vorsichtig mit einem Messer abkratzen.

6. Mandarinenspalten in die warme Sauce legen, Spritzer Zitronensaft und Mandarinenabrieb zufügen und für den nächsten Tag in den Kühlschrank stellen beziehungsweise den Nachtisch direkt anrichten. Zum Schneiden des Grießflammeris am besten ein scharfes Messer verwenden, dass kurz in lauwarmes Wasser getaucht wurde.

INFO

Wissenschaftliche Studien weisen darauf hin, dass der Verzehr von Obst mit einem verringerten Risiko, an verschiedenen Krebsarten zu erkranken, verbunden ist. Hierzu liefern auch Zitrusfrüchte einen Beitrag. Das enthaltene Vitamin C wirkt als Antioxidans und ist an vielfältigen Stoffwechselprozessen beteiligt. Gewürze können die Verdauung unterstützen und enthalten bioaktive Inhaltsstoffe (wie ätherische Öle) die viele positive gesundheitliche Wirkungen besitzen.

Getrocknete Früchte sind reich an Energie (Kalorien) und eignen sich, wenn Sie zunehmen möchten und/oder nur kleine Portionen essen können.

NÄHRWERTE pro Portion

431 kcal / 6 g E / 23 g F

KALORIEN REICH

VEGE TARISCH

HONIG-SCHÜTTELBROT-SCHMARRN MIT APFEL

— VON HERBERT HINTNER —

Schüttelbrot ist eine Südtiroler Spezialität. Es ist ein würziges und knuspriges Fladenbrot, das seinen Namen durch das Schütteln des Brotteigs bei der Herstellung erhielt. Vor allem früher war es bei den Bauern aufgrund seiner langen Haltbarkeit beliebt.

4 PORTIONEN

45 MINUTEN

ZUTATEN

70 g weiche Butter plus etwas Butter zum Einfetten
20 g Topfen (Quark)
2 Eigelb
2 EL Honig
45 g Schüttelbrot, fein gerieben
3 Eiweiß
40 g Zucker
Weizenmehl (Type 405) zum Bestauben
250 g Äpfel
Puderzucker zum Bestreuen
frische Minzblätter zum Garnieren

NÄHRWERTE pro Portion

291 kcal / 5 g E / 18 g F / 1 g B

ZUBEREITUNG

1. Backofen auf 160 °C Ober-/Unterhitze vorheizen. 20 g Butter, Topfen, Eigelb und Honig verrühren. Das Schüttelbrot dazugeben. Eiweiß mit 20 g Zucker steif schlagen und vorsichtig unterheben. In eine gebutterte und bemehlte, ofenfeste Form geben und im Ofen 15 Minuten backen.

2. Äpfel schälen, in Spalten schneiden und mit 20 g Zucker vermischen. Die restliche Butter in der Pfanne schmelzen, Apfelspalten dazugeben, etwa 5 Minuten durchschwenken und den Zucker dabei karamellisieren lassen.

3. Zum Anrichten den Schmarrn mit einem Löffel aus der Pfanne brechen und mit den Apfelspalten in der Mitte der Teller platzieren. Mit Puderzucker und Minzblättern garnieren.

INFO

Das Schüttelbrot besteht vor allem aus Roggenmehl. Es beinhaltet meistens mehr Ballaststoffe und hat einen höheren Mineralstoffgehalt als Weizen- und Dinkelmehl. Ballaststoffe sind gut für unsere Darmflora und helfen dabei, beispielsweise Dickdarmkrebs vorzubeugen.

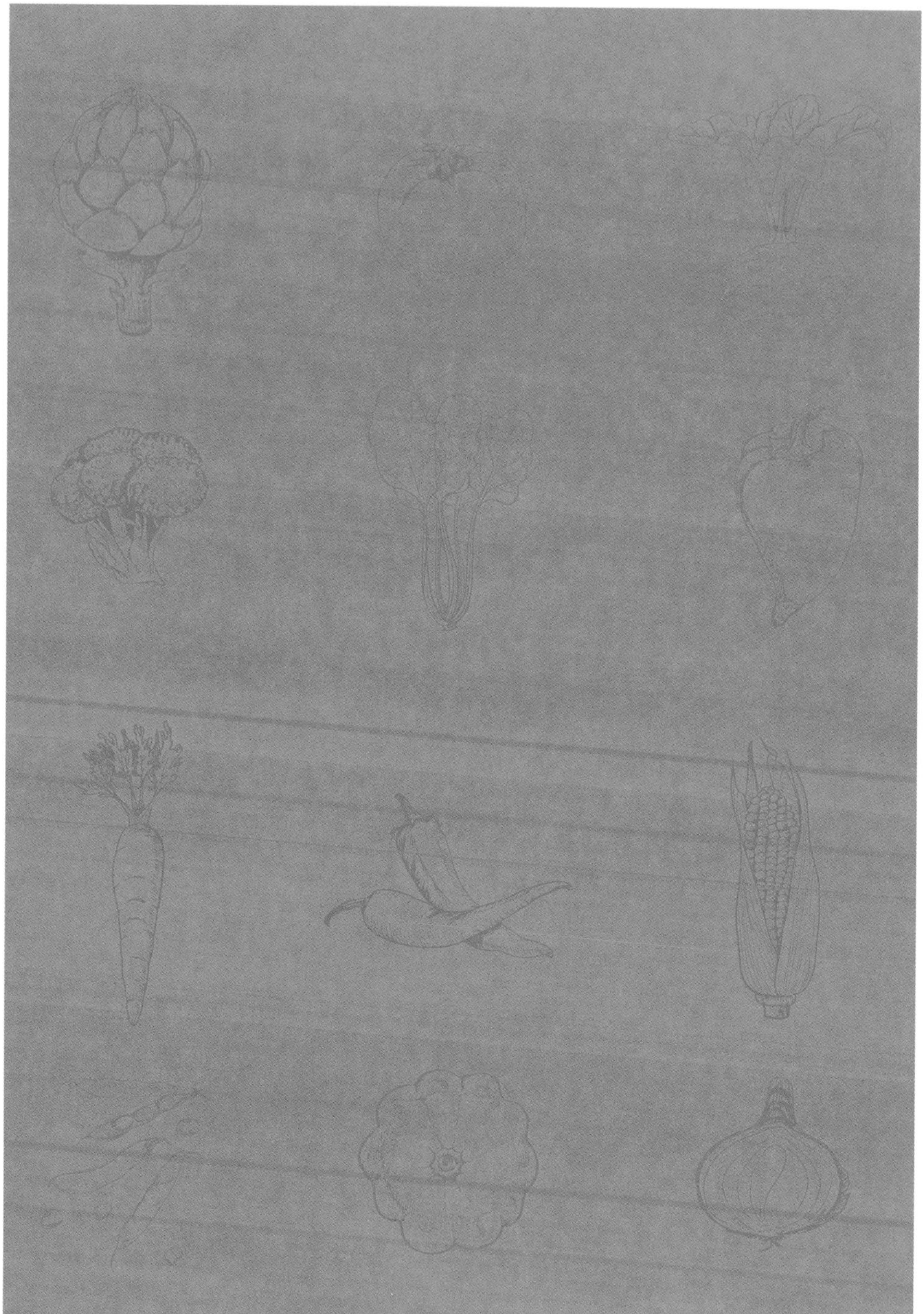

BASICS

KALORIEN REICH

VEGE TARISCH

OFEN-AVOCADO-DIP

— VON TOHRU NAKAMURA —

Die Avocado punktet mit einer gesunde Fettzusammensetzung und vielen (fettlöslichen) Vitaminen. Durch das Erwärmen erhält die Avocado einen nussigen Geschmack. Der Dip lässt sich vielfältig kombinieren: mit Gemüsesticks oder Nachos, zu einem Stück Fleisch oder schlicht auf Brot – ganz, wie es Ihnen am besten schmeckt.

4 PORTIONEN 35 MINUTEN

ZUTATEN

2 Avocados
½ Bund frischer Koriander
ca. 20 g Ingwer
Saft und Abrieb von 1 unbehandelten Limette
etwas Olivenöl
Salz
frisch gemahlener schwarzer Pfeffer
1 EL Sauerrahm
Cayennepfeffer

ZUBEREITUNG

1. Den Backofen auf 160 °C Ober-/Unterhitze vorheizen. Die Avocados in einem Stück etwa 25 Minuten in den Ofen geben.

Koriander waschen, trocken schütteln und fein hacken. Ingwer schälen und in sehr kleine Stücke schneiden.

Avocados nach dem Backen halbieren und das Fruchtfleisch mit einem Löffel herausschaben.

2. Koriander, Ingwer und die restlichen Zutaten zum Avocado-Fruchtfleisch geben, dieses mit einer Gabel zerdrücken, verrühren und abschmecken.

INFO

Dieses Gericht ist reich an Energie und somit besonders gut bei ungewolltem Gewichtsverlust geeignet. Neben einer empfehlenswerten Zusammensetzung der Fettsäuren liefert es auch die fettlöslichen Vitamine D, E und K.

Vitamin D wird überwiegend durch Sonneneinstrahlung in unserem Körper gebildet. Dennoch finden sich nennenswerte Mengen auch in fettreichem Fisch, Avocados, Eigelb, Butter und Champignons.

NÄHRWERTE pro Portion

238 kcal / 2 g E / 23 g F / 5 g B

PESTO

KALORIEN REICH

VEGE TARISCH

— VON ECKART WITZIGMANN —

Das klassische Pesto genovese stammt aus Genua und hat im Kern nur fünf Zutaten: Basilikum, Pinienkerne, Knoblauch, Parmesan und Olivenöl. Viele schwören darauf, alle Zutaten im Mörser statt im Mixer zu mahlen. Im Kühlschrank hält sich Pesto mit Olivenöl abgedeckt und verschlossen ohne Weiteres etwa 2 Wochen.

4 PORTIONEN 30 MINUTEN

ZUTATEN

½ Knoblauchzehe, abgezogen
etwas Meersalz
1 TL Pinienkerne, geröstet
1 TL frisch geriebener Parmesan oder Pecorino
100 ml Olivenöl plus etwas zum Auffüllen
60 g frisches Basilikum, Blättchen abgezupft und grob zerzupft

ZUBEREITUNG

1. Knoblauch und Salz im Mörser zerstoßen.

2. Pinienkerne, Parmesan, Olivenöl, Salz und Knoblauch sowie zum Schluss das Basilikum nach und nach mit dem Pürierstab zu einer sämigen Konsistenz mixen.

3. Kühl stellen. Das Pesto in wiederverschließbare Gläser füllen. Bis zum Rand mit Olivenöl auffüllen und verschließen.

4. Ein Serviervorschlag: gekochte Spaghetti, Pinienkerne und gekochte grüne Bohnen nach Geschmack in der Pfanne anrösten, Pesto unterrühren und servieren.

INFO

Olivenöl ist wichtiger Bestandteil der traditionellen mediterranen Ernährung. Sie gilt als eine der gesündesten Ernährungsweisen und wird mit einem verringerten Risiko für viele Erkrankungen, einschließlich Krebs, assoziiert. Neben zahlreichen ungesättigten Fettsäuren enthält Olivenöl viel Vitamin E und sekundäre Pflanzenstoffe. Es wirkt entzündungshemmend und schützt vor oxidativem Stress. Knoblauch ist unter anderem reich an Diallyldisulfid, welches vor Krebs schützende Eigenschaften aufweist.

NÄHRWERTE pro Portion

242 kcal / 1 g E / 26 g F

GEMÜSEFOND

KALORIENARM | VEGETARISCH

— VON HERBERT HINTNER —

Gemüsefond eignet sich hervorragend als Grundlage für zahlreiche Gerichte. Gern verwende ich ihn auch anstelle von Fleischfonds, da er den eigentlichen Geschmack des Gerichts nicht verfälscht. Für den Geschmack und die Farbe des Fonds ist es wichtig, den Sud nach 2 Stunden durch ein Sieb zu passieren.

ETWA 4 PORTIONEN   2,5 STUNDEN

ZUTATEN

1 Karotte
½ Sellerieknolle
½ Stangensellerie
1 mittelgroße Zwiebel
1 Knoblauchzehe
2 Stängel frische Petersilie
1 Zweig frischer Rosmarin
5 frische Basilikumblätter
1 getrocknetes Lorbeerblatt

ZUBEREITUNG

Karotte und Sellerieknolle schälen, die Selleriestange putzen und die Zwiebel und die Knoblauchzehe abziehen. Die Kräuter waschen und trocken schütteln. Alle Zutaten grob zerkleinern, in einen Topf geben, 2 l Wasser dazugeben und 2 Stunden köcheln lassen. Anschließend durch ein Sieb passieren.

INFO

Durch das lange Kochen gehen Aromen, aber auch ein Teil der Vitamine, Mineralstoffe und sekundären Pflanzenstoffe in die Flüssigkeit über. Dieser Gemüsefond ist sehr mild, energiearm und leicht verdaulich. Er eignet sich auch als Grundlage für Schleimsuppen bei Durchfall (zum Beispiel mit Hafer oder Reis).Schmecken Sie die Suppe mit etwas Salz ab und ergänzen Sie, je nach Geschmack, milde Kräuter oder andere Gewürze. Besonders Anis, Fenchel und Kümmel haben eine wohltuende, entspannende und blähungshemmende Wirkung auf den Magen-Darm-Trakt.

NÄHRWERTE pro Portion

14 kcal / 1 g E / 0 g F

GEFLÜGELFOND

— VON MARTIN FAUSTER —

Den Geflügelfond können Sie vielseitig einsetzen – egal, ob in Suppen, Saucen, Marinaden oder in Risotto. Er sorgt für eine geschmackliche Bereicherung. Sie können ihn portionsweise einfrieren und so ganz einfach nach Bedarf verwenden.

ETWA 4–6 PORTIONEN **2,5 STUNDEN**

ZUTATEN

700 g Hühnerkeulen ohne Haut
100 g Karotten, geschält und grob geschnitten
50 g Stangensellerie, geputzt und grob geschnitten
150 g Zwiebel, abgezogen
80 g Lauch, grob geschnitten
2 Gewürznelken
1 Zweig frischer Rosmarin
1 Zweig frischer Thymian
1 Knoblauchzehe, angedrückt (mit Schale)
1 Prise Meersalz
frische Petersilie

ZUBEREITUNG

1. Die Hühnerkeulen waschen und in 3 l kaltem Wasser mit den restlichen Zutaten einmal aufkochen. Den ersten Schaum mit einer Kelle abschöpfen, um später einen klaren Fond zu bekommen. Alles 2 Stunden leicht köcheln lassen.

2. Den Fond durch ein Sieb filtern. Hierzu das Sieb mit einem Küchentuch auslegen. Den fertigen Fond nun in Gläser abfüllen und einfrieren.

INFO

Durch das lange Kochen gehen Vitamine, Mineralstoffe, Aromen und sekundäre Pflanzenstoffe in die Flüssigkeit über. Fonds überzeugen durch ihren besonders guten Geschmack. Dieser Geflügelfond ist mild, energiearm und leicht verdaulich. Zudem eignet er sich als klare, fettarme Brühe bei Durchfall, und beispielsweise auch als Grundlage einer Karotten- oder Haferschleimsuppe.

NÄHRWERTE pro Portion

82 kcal / 5 g E / 5 g F

KALBSFOND

— VON HANS HAAS —

Fonds sind eine sehr gute Möglichkeit, potenzielle Fleischabfälle weiterzuverwerten und lassen sich vielseitig einsetzen, gut aufbewahren und einfrieren. Für das Aroma ist es wichtig, am Anfang die Knochen und das Gemüse beim Anrösten etwas am Topfboden ansetzen zu lassen. Durch die Zugabe von Eis löst sich dann der Bratsatz von allein ab.

ETWA 4 PORTIONEN   4,5 STUNDEN

ZUTATEN

1 kg Kalbsknochen, gehackt
200 g Kalbsfuß, gehackt
Meersalz
1 EL Maiskeimöl (alternativ Rapsöl)
1 EL Butter
200 g Zwiebeln, abgezogen und in Würfel geschnitten
100 g Staudensellerie, geputzt und in Scheiben geschnitten
100 g Karotten, geschält und in Würfel geschnitten
1 Knoblauchzehe, abgezogen und angedrückt
1 EL Tomatenmark
300 g Tomaten aus der Dose
250 ml Apfelsaft (alternativ weißer Verjus)
1 Handvoll gestoßenes Eis
1 TL schwarze Pfefferkörner
1–2 getrocknete Lorbeerblätter
2–3 Zeige frischer Thymian
1 Zweig frischer Rosmarin
4–5 Stängel frische Petersilie
frisch gemahlener schwarzer Pfeffer

NÄHRWERTE pro Portion

177 kcal / 95 g E / 53 g F

ZUBEREITUNG

1. Kalbsknochen und -fuß leicht salzen und in einem heißen Topf in Öl und Butter kräftig anrösten. Zwiebeln, Sellerie, Karotten und die angedrückte Knoblauchzehe hinzufügen und mitrösten. Das Tomatenmark unterrühren und ebenfalls kurz anrösten.

2. Die Tomaten aus der Dose zufügen, mit Apfelsaft ablöschen und den Topf vom Herd nehmen. Das Eis auf dem Inhalt verteilen und etwa 5 Minuten ziehen lassen, bis sich der Bratsatz vom Topfboden gelöst hat.

3. Den Topf wieder auf den Herd stellen. Zuerst 4 l Wasser, dann die Gewürze und Kräuter hinzufügen, aufkochen und 3–4 Stunden ohne Deckel leicht köcheln lassen.

4. Mit Salz und Pfeffer abschmecken, durch ein Spitzsieb passieren und erkalten lassen.

INFO

Durch das lange Kochen gehen Vitamine, Mineralstoffe, Aromen und sekundäre Pflanzenstoffe in die Flüssigkeit über. Zudem eignen sich klare Fleischsuppen auch bei Magenproblemen, zum Beispiel ergänzt mit Nudeln.

DASHI-VARIATION

VEGE TARISCH

— VON TOHRU NAKAMURA —

Der Shiitakepilz stammt ursprünglich aus Japan und China und wird dort seit Langem kultiviert und sowohl als Speise- als auch als Heilpilz eingesetzt. Er eignet sich auch gut zum Würzen. Aufgrund des natürlicherweise enthaltenen Glutamats schmeckt er aromatisch-herzhaft. Als Zuchtpilz ist er das ganze Jahr verfügbar.

ETWA 4 PORTIONEN 1,25 STUNDEN

ZUTATEN

60 g getrocknete Shiitakepilze
100 g Bonitoflocken (Asialaden)

ZUBEREITUNG

1. Die getrockneten Shiitakepilze in 2 l kaltes Wasser geben und langsam erwärmen (nicht aufkochen!). In dem heißen Wasser (nicht kochend, ca. 70 °C) 30 Minuten ziehen lassen und danach einmal aufkochen. Bonitoflocken hinzufügen und etwa 15 Minuten ziehen lassen.

2. Die fertige Dashi nun durch ein feines Sieb oder Tuch passieren.

INFO

Durch das Kochen gehen Vitamine, Mineralstoffe, Eiweiß, Aromen und sekundäre Pflanzenstoffe in die Flüssigkeit über. Fonds überzeugen durch ihren besonders guten Geschmack. Sie sind mild und leicht verdaulich.

NÄHRWERTE pro Portion

70 kcal / 5 g E / 4 g F

OFENTOMATEN

KALORIEN ARM

VEGE TARISCH

— VON HANS HAAS —

Ofentomaten lassen sich vielseitig einsetzen. Ich verwende sie zum Würzen von Saucen und Marinaden, aber auch in Salaten sind sie eine feine Ergänzung.

ETWAS 4 PORTIONEN

3 STUNDEN

ZUTATEN

200 g Tomaten (ca. 6 Tomaten), blanchiert, geschält, geviertelt und entkernt
1 Knoblauchzehe, abgezogen und grob gehackt
3 Zweige frischer Thymian
3 Zweige frischer Rosmarin
3 Stängel frisches Basilikum
Salz
Cayennepfeffer
etwas Olivenöl

ZUBEREITUNG

1. Den Backofen auf 80 °C Ober-/Unterhitze vorheizen. Die Tomaten auf ein Blech legen. Den grob gehackten Knoblauch und die ungeschnittenen Kräuter über die Tomaten streuen.

2. Mit Salz sowie Cayennepfeffer bestreuen und mit etwas Olivenöl beträufeln.

3. Im Backofen bei 80 °C 2–3 Stunden trocknen lassen. Wenn die Tomaten relativ trocken sind, die Kräuter und den Knoblauch von den Tomaten nehmen.

INFO

Das Erhitzen und die Zugabe von Fett (hier Olivenöl) steigert die Aufnahme des wertvollen Lycopins, des roten Farbstoffs der Tomate. Lycopin gehört zur Gruppe der Karotinoide, die unter anderem durch ihre antioxidative Wirkung vor Krebs schützende Eigenschaften aufweisen.

Während der Krebstherapie kann es zu Entzündungen im Mundbereich und/oder zu Mundtrockenheit kommen. In diesem Fall sollten sauren Lebensmitteln wie Tomaten gemieden werden.

NÄHRWERTE pro Portion

31 kcal / 1 g E / 3 g F

VEGE TARISCH

TOMATENESSENZ

— VON HANS HAAS —

Auch wenn Ihnen die Mengen sehr hoch erscheinen – reduzieren Sie sie besser nicht, denn das Aroma der Essenz kann sich erst in dieser Üppigkeit wirklich intensiv entfalten. Sie ist eine aromatische Grundlage für Suppen, Saucen, Fonds und eignet sich wunderbar zum Einfrieren.

ETWA 4 PORTIONEN 3 STUNDEN

ZUTATEN

1,25 kg Tomaten aus der Dose
500 g sehr reife Tomaten, grob geschnitten, ohne Stielansätze
2–3 Handvoll gestoßenes Eis
1 Zwiebel, abgezogen und grob geschnitten
1 ½ EL Meersalz
1 EL Zucker
½ TL frisch gemahlener schwarzer Pfeffer
2 Zweige frischer Thymian
1 kleiner Zweig frischer Rosmarin
6–7 Stängel frische Petersilie
6–7 Stängel frisches Basilikum
1 getrocknetes Lorbeerblatt
1 Knoblauchzehe, abgezogen und angedrückt

ZUBEREITUNG

1. Alle Tomaten in einen großen Topf geben, 3 ½ l Wasser und das gestoßene Eis hinzufügen. Mit den restlichen Zutaten vermischen.

2. Einmal aufkochen lassen und danach etwa 2–3 Stunden im offenen Topf leicht köcheln lassen, bis sich die Essenz geklärt hat (sie wird klar, man kann auf den Topfboden sehen). Dafür ist es wichtig, nach dem Aufkochen nicht mehr umzurühren.

3. Die fertige Tomatenessenz durch ein mit einem Passiertuch ausgekleidetes Sieb gießen.

INFO

Die Tomatenessenz ist mild, energiearm und gut verträglich. Sie enthält verschiedene Nähr- und Geschmacksstoffe, die beim Kochen in das Wasser übergehen beziehungsweise beim Passieren in die Essenz gelangen.

NÄHRWERTE pro Portion

63 kcal / 4 g E / 1 g F

TOMATENSAUCE

KALORIEN ARM

VEGE TARISCH

— VON HERBERT HINTNER —

Diese Tomatensauce eignet sich sehr gut zu Pasta oder Reis. In der mediterranen Variante mit Tomatenstücken und stärker eingekocht passt sie auch gut zu Fleisch oder Käse. Kräuter, Zwiebeln und Speck verfeinern die Sauce zudem.

4 PORTIONEN

35 MINUTEN

ZUTATEN

500 g Datteltomaten
40 ml Olivenöl
½ Knoblauchzehe, abgezogen und fein gehackt
200 ml Gemüsefond (siehe Seite 150)
Salz
frisch gemahlener schwarzer Pfeffer
4 frische Basilikumblätter

ZUBEREITUNG

1. Die Tomaten waschen und vierteln. Olivenöl im Topf erhitzen und Knoblauch darin anschwitzen. Tomaten zugeben und etwa 2 Minuten mitbraten.

2. Tomaten mit dem Gemüsefond bedecken, salzen, pfeffern und Basilikumblätter hinzufügen. Abgedeckt etwa 15 Minuten bei mittlerer Temperatur schmoren lassen.

3. Für eine mediterrane Variante die Tomaten mit einer Gabel etwas zerdrücken. Alternativ die Sauce durch ein feines Sieb streichen. Dann die Sauce bis zur gewünschten Konsistenz einkochen lassen.

INFO

Tomaten sind bekannt für ihren roten Farbstoff – das Lycopin, welches besonders gut aus gekochten Tomaten aufgenommen wird. Etwas Fett kann die Aufnahme weiter steigern. Im Körper wirkt Lycopin unter anderem als Antioxidans und schützt die Zellen sowie das Erbgut vor Schäden. Hierdurch können die Tomaten möglicherweise den Körper im Schutz vor Krebs unterstützen.

NÄHRWERTE pro Portion

120 kcal / 1 g E / 11 g F / 2 g B

GESCHMORTE PAPRIKA

KALORIEN ARM

VEGE TARISCH

— VON HERBERT HINTNER —

Dieses Rezept eignet sich zu vielen Gerichten. Paprika lassen sich mit dem Kartoffelschäler ganz einfach schälen. Würde man die Paprika, um sie zu häuten, in den Backofen geben, bis die Schale schwarz wird und Blasen wirft, wäre sie schon vorgegart und das Verbrannte würde auf den Geschmack abfärben.

4 PORTIONEN **85 MINUTEN**

ZUTATEN

400 g rote Paprikaschoten
Knoblauchzehe(n)
etwas Rapsöl (alternativ Sonnenblumenöl)
Salz
frisch gemahlener schwarzer Pfeffer
1 Zweig frischer Thymian
1 Zweig frischer Rosmarin
2 EL Olivenöl

ZUBEREITUNG

1. Den Backofen auf 130 °C Ober-/Unterhitze vorheizen. Paprika schälen, halbieren, Stielansätze, Trennwände und Kerne entfernen.

2. Für das Knoblauchöl Knoblauchzehe(n) und Öl im Verhältnis 1:7 mit einem Pürierstab mixen. Das sind beispielsweise 3 g Knoblauchzehe und 25 ml Öl oder auf Vorrat für große Mengen 30 g Knoblauch und 250 g Öl. Das Knoblauchöl können Sie einige Tage im Kühlschrank aufbewahren.

3. Paprika salzen und mit Pfeffer, Knoblauchöl, Thymian- und Rosmarinzweig würzen und auf ein Backblech legen. Mit Olivenöl beträufeln und im Ofen 1 Stunde schmoren lassen.

INFO

Pflanzliche Öle sind gesund, enthalten aber wie andere Fette auch reichlich Kalorien. Um die Menge besser zu dosieren, kann das Öl mit einem Pinsel aufgetragen werden.

Paprika enthält viel Vitamin E, Folsäure und in besonders Vitamin C. Dieses wirkt unter anderem als Antioxidans und schützt hierdurch Zellen und deren Bestandteile vor Schäden.

NÄHRWERTE pro Portion

135 kcal / 1 g E / 12 g F

VEGETARISCH

KALORIENREICH

GESCHMORTE ZWIEBELN

— VON HERBERT HINTNER —

Geschmorte Zwiebeln können zum Würzen sehr vieler Gerichte verwendet werden. Die Zwiebeln sollten bei mittlerer Temperatur schmoren, sodass sie nicht zu heiß werden und auch keine Farbe bekommen.

ETWA 4 PORTIONEN

30 MINUTEN

ZUTATEN

1 mittelgroße Zwiebel
50 g Butter
50 ml Olivenöl

ZUBEREITUNG

1. Die Zwiebel abziehen und fein hacken. Butter und Olivenöl in einem Topf erhitzen, Zwiebeln dazugeben und bei mittlerer Temperatur unter ständigem Rühren farblos anschwitzen.

2. Das Öl abgießen und die geschmorten Zwiebeln auskühlen lassen.

INFO

Zwiebeln enthalten ähnliche ätherische Öle wie Knoblauch. Diese können den Appetit anregen und die Verdauung fördern. Hingegen können die scharfen Senföle blähend wirken, was jedoch durch eine fettreichere und kohlenhydratärmere (weniger Stärkebeilage) Zusammenstellung des Gerichts abgemildert werden kann. In warmen Speisen sind leicht angebratene Zwiebeln eine geschmackliche Bereicherung und werden, im Gegensatz zu rohen Zwiebeln, meist gut vertragen. Auch mildere Sorten wie Schalotten und rote Zwiebeln sind bei Verdauungsproblemen eine mögliche Alternative, am besten in erwärmter Form.

TIPP

Bereiten Sie am besten eine größere Menge zu und bewahren Sie die restlichen Zwiebeln für einige Tage im Kühlschrank bei gleich bleibender Temperatur auf.

NÄHRWERTE pro Portion

109 kcal / 0 g E / 12 g F

WILDGEWÜRZ

VEGETARISCH

— VON HANS HAAS —

Probieren Sie es aus und stellen Sie Ihre Gewürzmischungen für Wildfleisch selbst her. Diese Gewürzmischung eignet sich hervorragend für jegliche Art von Wildfleisch, inklusive Wildgeflügel.

4 PORTIONEN   30 MINUTEN

ZUTATEN

60 g schwarze Pfefferkörner
120 g Pimentkörner
60 g Wacholderbeeren
30 g Kümmelsamen
150 g Koriandersamen

ZUBEREITUNG

1. Alle Gewürze in eine große Pfanne geben und ohne Fettzugabe unter Wenden kurz erwärmen.

2. Auf einem Teller abkühlen lassen, dann im Mörser grob zerstoßen oder im Zerkleinerer nur grob zerschlagen.

3. Die Mischung in ein gut schließendes Schraubdeckelglas geben und bis zum Verbrauch trocken und dunkel aufbewahren. Sie hält sich etwa 6 Monate.

INFO

Gewürze sind wichtig für den Geschmack, sie können die Verdauung unterstützen und enthalten oft in höheren Konzentrationen als Obst und Gemüse bioaktive Inhaltsstoffe, zum Beispiel ätherische Öle. Diese werden mit vielen positiven gesundheitlichen Wirkungen in Zusammenhang gebracht.

Koriander kann bei Verdauungsbeschwerden, Blähungen und leichten Magen-Darm-Krämpfen lindernd wirken und auch bei Appetitlosigkeit eingesetzt werden. Scharfe Gewürze wie Pfeffer regen die Magensaftausschüttung an. Hierdurch verbessert sich die Bekömmlichkeit einer Mahlzeit.

NÄHRWERTE pro Portion

338 kcal / 13 g E / 14 g F

NUDELTEIG

VEGE TARISCH

KALORIEN REICH

— VON ANNA MATSCHER —

Viele scheuen sich aus Furcht vor dem Aufwand, Nudeln selbst zu machen. Doch mit ein bisschen Routine sind die frischen Nudeln fast so schnell zubereitet wie die gekauften – und der deutlich bessere Geschmack ist die Arbeit allemal wert. Zudem gilt wie immer: Nur wenn wir etwas selbst zubereiten, wissen wir auch ganz genau, was drin ist, und können auf hochwertige Zutaten achten.

8–10 PORTIONEN

30 MINUTEN

30 MINUTEN RUHEZEIT

ZUTATEN

400 g Weizenmehl (Type 1050) plus etwas Mehl für die Arbeitsfläche
40 g Weizengrieß
8 Eigelb
1 Ei (Größe M)

ZUBEREITUNG

1. Das Mehl auf einer sauberen Unterlage aufhäufen. In der Mitte eine Mulde formen und die restlichen Zutaten hineingeben.

2. Alle Zutaten zu einem Teig verkneten, hierbei nur nach und nach etwas Wasser dazugeben, bis die gewünschte Konsistenz erreicht ist.

Den Teig in Frischhaltefolie wickeln und 30 Minuten ruhen lassen.

Variation 1:

RAVIOLI/TORTELLONI

1. Den Nudelteig mithilfe einer Nudelmaschine immer wieder ausrollen, bis er sehr dünn ist. Dabei aufpassen, dass der Teig nicht zusammenklappt.

2. Den Teig zu Quadraten von 7 x 7 cm Kantenlänge schneiden. Gewünschte Füllung mit einem Teelöffel in die Mitte geben und zu Tortelloni formen. Vor dem Kochen sollten die Nudeln kurz auf einer bemehlten Fläche antrocknen.

Variation 2:

SPAGHETTI

1. Den Nudelteig mithilfe einer Nudelmaschine nicht ganz so dünn ausrollen wie für Ravioli.

2. Einen Spaghetti-Aufsatz auf die Maschine geben und den Teig zu feinen Nudeln formen. Diese auf eine bemehlte Oberfläche geben und kurz antrocknen lassen, bevor sie gekocht werden.

INFO

Je höher die Typenbezeichnung, desto höher ist der Mineralstoffgehalt des Mehls. Dinkel- und Weizenmehl mit der Type 1050 besitzen etwa doppelt so viele Mineralstoffe wie ein Mehl mit der Type 405, dem gebräuchlichen Haushaltsmehl – bei ähnlichen Backeigenschaften. Auch reine Vollkornmehle sind für die Nudelteigherstellung denkbar, hierbei sollte die Flüssigkeitsmenge jedoch erhöht werden und der Teig eventuell etwas länger ruhen, um geschmeidig zu werden.

TIPP

Die Zutaten reichen für eine große Menge Teig. Alternativ kann die Menge der Zutaten halbiert oder der restliche Teig eingefroren werden.

NÄHRWERTE pro Portion

544 kcal / 22 g E / 17 g F / 6 g B

REZEPT- UND ZUTATENREGISTER

SCHLAGWORTREGISTER

DANK

Mein ganz besonderer Dank gilt allen Patienten, die mich durch ihre vielen Fragen und Problemschilderungen zu diesem Projekt inspiriert haben. Die jährlich stattfindenden Patiententage des Tumorzentrums München (TZM) in Kooperation mit dem Cancer Comprehensive Center München waren für mich eine Art Fundgrube und Motor, die Welt für Tumorpatienten neben den hervorragenden gezielten Therapiemöglichkeiten, die uns heute zur Verfügung stehen, etwas besser zu machen. Für Gesunde soll dieses Projekt Ansporn für eine ausgewogene Lebensführung sein, die natürlich (leider) kein Garant ist, aber dabei helfen soll, das Risiko, an einem Tumor zu erkranken, zu senken.

Bedanken möchte ich mich ganz besonders bei meiner Mitarbeiterin Nina Maria Weber, die mit sehr viel Engagement, Exaktheit und unbändigem Fleiß dazu beigetragen hat, dass dieses Buch in dem vorgegebenen Zeitrahmen überhaupt entstehen konnte.

Veronika Flöter möchte ich auch meinen besonderen Dank aussprechen, da sie eine wesentliche Stütze bei der fachgerechten Realisierung unserer Koch-App HealthFood war und sehr engagiert das ernährungswissenschaftliche Wissen in eine verständliche Form gebracht hat.

Danke an Jürgen Janku (Seitwerk GmbH) sowie Raphaela Habermann und Team, denen die technische Umsetzung der Kochidee in Form einer App in innovativer Weise gelungen ist. Für sie war das nicht nur ein Auftrag, sondern sie waren mit Herz und Seele bei dem Projekt dabei und haben dessen Bedeutung von Beginn an verstanden. Mein Dank gilt auch PD Dr. Uwe Prell, der zu Beginn der App-Entwicklung ein wichtiger Ratgeber war. Da mir dieses Projekt sehr am Herzen liegt, wird ein Teil des Verkauferlöses an den Verein Food & Health gehen.

Die Bedeutung, Verantwortung und Freude, das Handwerk „Kochen" zu beherrschen, habe ich Hans Haas (Tantris) zu verdanken. Er war der Anfang dieses Projekts. Ich erinnere mich noch genau an den ersten Kochkurs bei ihm, den ich zunächst sehr unwillig besuchte. Denn ich war der festen Überzeugung, dass ich dieses ganze Drumherum – Pünktchen hier und Häppchen dort – nicht brauche. Dieses Vorurteil war sehr schnell ausgeräumt. Spontan fasziniert war ich, dass nahezu alle Küchenreste wieder zu einem wertvollen Fond verarbeitet wurden, also keine Verschwendungssucht herrschte, wie ich es erwartet hatte. Die Zubereitung einer Sauce nur aus natürlichen Bestandteilen – eine Offenbarung! Tief beeindruckt – ich möchte schon sagen: innerlich bewegt – war ich vom respektvollen Umgang mit den Lebensmitteln und wie er es versteht, mit einfachen Dingen ein Genusswerk zu zaubern, ein einfaches „Mmh, das schmeckt sehr gut!" kommt einem dabei völlig unangemessen vor. Bis zum heutigen Tag sind seine Kochkurse für mich immer ein enormer Zugewinn, und an dieser Stelle möchte ich mich respektvoll vor seinem Können und der Disziplin – ich möchte schon sagen: Härte –, diesen Marathon, 25 Jahre Tantris zweimal täglich, ohne Burnout durchzustehen, verneigen. Es erfüllt mich mit großem Stolz, dass wir heute befreundet sind. Danke! Ihm habe ich es außerdem zu verdanken, dass ich die Idee, einen Kochkurs für Patienten anzubieten, sofort ohne großes Wenn und Aber umsetzen konnte. Danke auch dafür! Hans habe ich noch etwas zu verdanken: das Kennenlernen unseres Jahrhundertkochs Eckart Witzigmann.

Für jeden, der etwas mit Kochen am Hut hat, ist das natürlich DIE Begegnung. Man muss es auch hin und wieder mal in Ruhe vor dem geistigen Auge vorbeiziehen lassen – mit Eckart Witzigmann hat das bessere und gesündere Kochen angefangen, hier in München, 1974 im Tantris. Der Anfang war alles andere als leicht

– und heute ist es ein Name, der in aller Munde ist und es auch bleiben wird. Denn sein Verdienst ist, dass seine Philosophie des Kochens mehr als ein kurzfristiger Trend wurde – sie wird die Basis bleiben und, so hoffe ich, durch eine regionale, saisonale Küche, die mehr als ein Trend ist, weiter gefestigt werden. Eckart Witzigmann war sofort begeistert, auch Patienten mit seiner Kochkunst zu unterstützen, und ist damit zur Leitfigur unserer Idee geworden. Mit seinem Charisma und bis heute anhaltender Lebendigkeit hat er uns sehr unterstützt. Ein großes Danke dem CHEF, wie ihn heute noch voller Respekt seine Mitarbeiter nennen! Ihm habe ich nun wiederum auch zu verdanken, dass ich Otto Geisel kennenlernen durfte.

Otto Geisel, ein äußerlich ruhiger, besonnener Mann, dessen Wirken und Stärken man erst auf den zweiten Blick erkennt. Wen wundert es, so ist er gelernter Gastronom, Koch und Diplom-Hotelbetriebswirt und hat 25 Jahre ein Hotel mit Sternegastronomie geführt. Außerdem hat er langjährige Vorstandsarbeit bei Slow Food Deutschland geleistet, ist Publizist sowie Berater für nachhaltige Lebensmittelkonzepte sowie öffentlich bestellter, vereidigter Sachverständiger für die Bewertung von Weinen. So wie Eckart Witzigmann und Hans Haas mein Verständnis vom Kochen völlig grunderneuert haben, hat Otto Geisel meinen Horizont und das Verständnis für Lebensmittel positiv verändert. Er ist für mich bis heute eine Quelle der Inspiration in Sachen „Ernährung" und allem, was damit zusammenhängt. Zudem ist er – wie man heute auf Neudeutsch sagt – ein sehr verantwortungsvoller Netzwerker. Er hat mich in meinem Vorhaben immer bestärkt und leichte Kursabweichungen meinerseits sanft und fundiert korrigiert. Das war mehr als hilfreich, denn wie dieses Buch auch zeigt, ist es nicht einfach, ad hoc gesunde Lebensmittel zu finden. Bis heute ist ein Treffen mit ihm ein entspannter Wissensaustausch über den – im wahrsten Sinne des Wortes – Tellerrand hinaus, denn er ist auch ein hervorragender und herzlicher Gastgeber. Dafür und für unsere Freundschaft möchte ich mich bei dir bedanken!

Ohne sie wäre die Vielfalt der dargebotenen Rezepte auf höchstem Niveau überhaupt nicht möglich gewesen: Danke an die Spitzenköche Martin Fauster und Tohru Nakamura sowie die hervorragenden Spitzenköche aus Südtirol, Herbert Hintner und Anna Matscher, für ihr großartiges Engagement!

Danke, Carlo Petrini! Dank Otto Geisel durfte ich ihn live erleben und das gemeinsame Abendessen im Kreis passionierter Menschen, die sich für eine bessere, gesündere Ernährung einsetzen, wird mir immer in Erinnerung bleiben. Dieser Abend war die eigentliche Gründungsfeier unseres Vereins Food & Health, den Carlo mit großem Enthusiasmus als Gründungsmitglied unterstützt; außerdem greift er unserem Buch- und App-Projekt stützend unter die Arme. Eine persönliche Begegnung mit Carlo Petrini bleibt unvergessen und unbeschreiblich, Empathie ist alles!

Mein Dank gilt weiterhin Kollegen und Freunden, die eine große Stütze waren und sind, wie Wolfgang Dörfler, Prof. Dr. med. Mike Schoenberg, Prof. Dr. Beatrice Bachmeier, Prof. Dr. med. Heinz Zwierzina, Dr. med. Carola Riedner, Petra Winter und Dipl.-Psychologe Markus Besseler, der für die exzellente Zusammenarbeit mit der Bayerischen Krebsgesellschaft steht. Vicky von Schirach, Theresa Geisel und Prof. Dr. med. Hans Hauner sowie Prof. Dr. med. Marc Martignoni, die mit der im TZM gegründeten Arbeitsgruppe „Ernährung und Krebs" eine hervorragende Arbeit für Patienten leisten. In diesem Zusammenhang möchte ich mich auch bei den Professoren und Direktoren des Cancer Comprehensive Centers München, Prof. Dr. Peter Herschbach und Prof. Dr. med. Volker Heinemann, bedanken, die sich für eine optimale Ernährungsberatung in den Münchner Universitätskliniken einsetzen und dadurch einen wesentlichen Beitrag für das Zusammenspiel aller Ernährungsberatungsstellen in München und Region leisten.

Ein großes Danke nicht zuletzt meiner Familie, der ich es wahrscheinlich zu verdanken habe, die Wertigkeit einer guten Landwirtschaft intuitiv zu erfassen!

QUELLEN

S. 12/13: DIE GENE SIND SCHULD? WIE ENTSTEHT KREBS?

1. Knasmüller S, *Krebs und Ernährung – Risiken und Prävention – wissenschaftliche Grundlagen und Ernährungsempfehlungen,* Bd. 1, Georg Thieme Verlag, 2014.
2. Ekoue D et al., *„Manganese superoxide dismutase and glutathione peroxidase-1 contribute to the rise and fall of mitochondrial reactive oxygen species which drive oncogenesis“* Biochim Biophys Acta., pp. pii: S0005-2728(17)30007-5, Jan 2017.
3. Chung M, Lim T und Lee K, *„Molecular mechanisms of chemopreventive phytochemicals against gastroenterological cancer development“* World J Gastroenterol., Bd. 19, Nr. 7, pp. 984-93, Feb 2013.
4. Hastert T und White E, *„Association between meeting the WCRF/AICR cancer prevention recommendations and colorectal cancer incidence: results from the VITAL cohort“,* Cancer Causes Control, Bd. 27, Nr. 11, pp. 1347-1359, Nov 2016.
5. Riondino S et. al., *„Obesity and colorectal cancer: role of adipokines in tumor initiation and progression“,* World J Gastroenterol., Bd. 20, Nr. 18, pp. 5177-90, 14 Mai 2014.
6. World Cancer Research Fund International (WCRF), *Our Cancer Prevention Recommendations,* [Online]. Available: http://www.wcrf.org/int/research-we-fund/our-cancer-prevention-recommendations
7. World Health Organization (WHO), *10 facts about cancer* [Online]. Available: http://www.who.int/features/factfiles/cancer/en/
8. World Cancer Research Fund International (WCRF), *„Lung cancer statistics,“* [Online]. Available: http://www.wcrf.org/int/cancer-facts-figures/data-specific-cancers/lung-cancer-statistics. März 2017.

S. 15: VORTEIL VON ÖKOLOGISCH UND ARTGERECHT ERZEUGTEN LEBENSMITTELN

1. Baranski M et al., *„Higher antioxidant and lower cadmium concentrations and lower incidence of pesticide residues in organically grown crops: a systematic literature review and meta-analyses“,* British Journal of Nutrition, p. 794–811, Jul 2014.
2. Średnicka-Tober D et al., „Higher PUFA and n-3 PUFA, conjugated linoleic acid, alpha-tocopherol and iron, but lower iodine and selenium concentrations in organic milk: a systematic literature review and meta- and redundancy analyses“ British Journal of Nutrition, Bd. 115, pp. 1043–1060, Jan 2016.
3. Średnicka-Tober D et al., *„Composition differences between organic and conventional meat: a systematic literature review and meta-analysis“* British Journal of Nutrition, Bd. 115, Nr. 6, pp. 994–1011, März 2016.

S. 18/19: DIE HEILKRAFT DER SUPERFOODS – MYTHOS ODER WAHRHEIT?

1. *„Lebensmitteltrends: Was sind „Superfoods“? Ernährungs-Umschau,* 12. März 2015.
2. Verbraucherzentrale NRW e.V., *„Superfood: Hype um Früchte und Samen“* [Online]: https://www.verbraucherzentrale.de/superfood. Jan 2017.
3. Ökotest, *„Superfoods-Supertox,“* 2017. [Online]. Available: http://www.oekotest.de/
4. Rivera C und et al., *„Probable interaction between Lycium barbarum (goji) and warfarin“* Pharmacotherapy., Bd. 32, Nr. 3, pp. e50–3, März 2012.
5. Norwood D, Parke C und Rappa L, *„A Comprehensive Review of Potential Warfarin-Fruit Interactions“* J Pharm Pract., Bd. 28, Nr. 6, pp. 561–71, Dec 2015.
6. Bjelakovic G et al., *„Antioxidant supplements for prevention of mortality in healthy participants and patients with various diseases“* Cochrane Database Syst Rev., Bd. 14, Nr. 3, p. CD007176, März 2012.

S. 20/21: NAHRUNGSERGÄNZUNGSMITTEL – VERLOCKENDE SELBSTOPTIMIERUNG

1. Bundesinstitut für Risikobewertung (BfR), *„Gesundheitliche Bewertung von Nahrungsergänzungsmitteln“,* [Online]: http://www.bfr.bund.de/de/gesundheitliche_bewertung_von_nahrungsergaenzungsmitteln-945.html
2. Deutsche Gesellschaft für Ernährung (DGE), *„Deutschland ist kein Vitaminmangelland“* Presseinformation: Presse, DGE aus der Wissenschaft 02/2012 vom 17. Juli 2012.
3. Dreizen S, et al., *Nutritional deficiencies in patients receiving cancer chemotherapy.* Postgrad Med.; 87(1):163–7, 170. Jan 1990.
4. Panda AK et al *New insights into therapeutic activity and anticancer properties of curcumin.* J Exp Pharmacol.; 9:31–45. doi: 10.2147/JEP.S70568. eCollection 2017.
5. Deutsche Gesellschaft für Ernährung (DGE), *„Bunte Pillen für's gute Gewissen – Was bringen Nahrungsergänzungsmittel?“ Presseinformation: Presse, DGE aktuell 09/2012 vom 04. Dezember 2012.*
6. Zou W et al. *Vitamin C inactivates the proteasome inhibitor PS-341 in human cancer cells.* Clin Cancer Res.; 12(1):273–80. Jan 2006.

S. 22: WARUM VERWENDEN WIR VEGETARISCHE, ABER KEINE VEGANEN REZEPTE?

1. Tantamango-Bartley, Y et al., *Vegetarian diets and the incidence of cancer in a low-risk population.* Cancer Epidemiol Biomarkers Prev., 22(2): 286–94. Feb 2013, doi: 10.1158/1055-9965.EPI-12-1060. Epub Nov 2012.
2. O'Neil B, *A Scientific review of the reported effects of vegan nutrition on the occurrence and prevalence of cancer and cardiovascular disease.* Biosci Horiz. 3: 197–212. 2010.

S. 23: ZUCKER, SALZ, ALKOHOLIKA – EIN PROBLEM?

1. Paracelsus, *Werke.* Darmstadt: s.n., Bd. 2, S. 508–513; 1965.
2. Deutsche Krebsforschungszentrum (DKFZ), *Ernährung und Krebsvorbeugung – Kann gesunde Kost das Krebsrisiko senken?* [Online] Jan 2017. https://www.krebsinformationsdienst.de/vorbeugung/risiken/ernaehrung-praevention-index.php.
3. Verbraucherzentrale Nordrhein-Westfalen e.V., *Fragen und Antworten zu Salz.* [Online] 26. Apr 2017. http://www.verbraucherzentrale.nrw/fragen-und-antworten-zu-salz.
4. World Cancer Research Fund International/American Institute for Cancer Research, *Continuous Update Project Report: Diet, Nutrition, Physical Activity and Stomach Cancer.* [Online] 2016. wcrf.org/stomach-cancer-2016

5. World Cancer Research Fund (WCRF), *Alcohol & cancer – Consuming alcohol is linked to an increased risk of six cancers.* [Online] http://wcrf.org/int/cancer-facts-figures/link-between-lifestyle-cancer-risk/alcohol-cancer

S. 26/27: VORSICHT BEI ANTIBIOTIKA-EINSATZ

1. *EU-Kommission nimmt sich Antibiotika-Resistenz vor.* s.l.: Springer Medizin, 30. Juni 2017, Ärzte Zeitung Online.
2. *Gezielter und intelligenter Antibiotikaeinsatz kann Bakterien-Resistenzen mindern.* Pressemitteilung. s.l.: Georg Thieme Verlag, 2014. https://www.thieme.de/de/neurologie/gezielter-intelligenter-antibiotikaeinsatz-kann-bakterien-resistenzen-mindern-61290.htm
3. Bundesinstitut für Risikobewertung (BfR), *Antibiotikaresistenz: Carbapenemase-bildende Keime in Nutztierbeständen* – Aktualisierte Mitteilung Nr. 036/2016 des BfR vom 23.12.2016. *www.bfr.bund.de.* [Online] 23. Dez 2016. http://www.bfr.bund.de/cm/343/antibiotikaresistenz-carbapenemase-bildende-keime-in-nutztierbestaenden.pdf
4. BfR. Fragen und Antworten zu den Auswirkungen des Antibiotika-Einsatzes in der Nutztierhaltung. *Aktualisierte FAQ des BfR vom 03. August 2016.* [Online] August 2016. http://mobil.bfr.bund.de/de/faq/fragen_und_antworten_zu_den_auswirkungen_des_antibiotika_einsatzes_in_der_nutztierhaltung-128153.html#id
5. *Long-term use of antibiotics and risk of colorectal adenoma.*, Cao Y et. al. 0, April 2017, Gut, S. 1–7. doi: 10.1136/gutjnl-2016-313413.
6. American Institute for Cancer Research (AICR). *Investigating the Power of Bacteria.* [Online] 2014. http://www.aicr.org/publications/newsletter/2014/124-winter/newsletter-investigating-the-power-of-bacteria.html?_ga=2.21791931.1226885447.1499355911-64783804.1499355911
7. *Antibiotic use predicts an increased risk of cancer,* Kilkkinen A et. al. 123, 2008, Int J Cancer , S. 2152–5.

S. 31: GEMÜSEKOHL

1. Knasmüller S, *Krebs und Ernährung – Risiken und Prävention – wissenschaftliche Grundlagen und Ernährungsempfehlungen,* Bd. 1, Georg Thieme Verlag, 2014.
2. Herr I *„Kreuzblütler in der Krebstherapie,"* Aktuelle Gesundheitsnachrichten, Bd. 8, pp. 52–56, 2012.
3. Lauche L et al., *„Efficacy of Cabbage Leaf Wraps in the Treatment of Symptomatic Osteoarthritis of the Knee: A Randomized Controlled Trial.,"* Clin J Pain., Bd. 32, Nr. 11, pp. 961–971, Nov 2016.
4. DGEinfo, *„Deutsche Gesellschaft für Ernährung: Sekundäre Pflanzenstoffe und ihre Wirkung auf die Gesundheit – Eine Aktualisierung anhand des Ernährungsberichts 2012"* p. 178–186, Dez 2014.
5. Biesalski H, Grimm P und Nowitzki-Grimm S, *Taschenatlas Ernährung,* Bd. 6, Georg Thieme Verlag, 2015, p. 175.
6. Ryu B et al., *„A new acetophenone glycoside from the flower buds of Syzygium aromaticum (cloves)"* Fitoterapia., Bd. 115, pp. 46–51, Dez 2016.
7. Liu B et al., *„Cruciferous vegetables intake and risk of prostate cancer: A meta-analysis,"* Int J Urol., Bd. 19, Nr. 2, pp. 134–141, Feb 2012.
8. Sunagawa Y et al., *„Clinical applications of curcumin,"* PharmaNutrition, Bd. 3, Nr. 4, p. 131–135, Okt 2015.
9. Deutsche Gesellschaft für Ernährung (DGE), *„Sekundäre Pflanzenstoffe und ihre Wirkung auf die Gesundheit",* [Online] http://www.dge.de/wissenschaft/weitere-publikationen/fachinformationen/sekundaere-pflanzenstoffe-und-ihre-wirkung/
10. Pfister T et al., *Heilkräuter im Garten: pflanzen, ernten, anwenden,* Bd. 1, Haupt Verlag, 2014.

S. 32: TOMATE

1. Zu K et al., *Dietary Lycopene, Angiogenesis, and Prostate Cancer: A Prospective Study in the Prostate-Specific Antigen Era.* J Natl Cancer Inst. Feb 2014, Bd. 106, 2, S. djt430. Epub 2014 Jan 24.
2. Raiola, A et al. *Bioactive compound content and cytotoxic effect on human cancer cells of fresh and processed yellow Tomatoes.* Molecules. 25. Dez 2015, Bd. 21, 1, S. E33.

S. 33: HÜLSENFRÜCHTLER

1. Bertz H und Zürcher G, *Ernährung in der Onkologie: Grundlagen und klinische Praxis,* Bd. 1, Stuttgart: Schattauer, 2014.
2. Jahreis G et al., *„Leguminosenmehle: Wichtige Protein- und Ballaststoffquellen in der Ernährung,"* Ernaehrungs Umschau international, Bd. 63, Nr. 2, p. 36–42, 2016.

S. 34: INGWER

1. Knasmüller, S. *Krebs und Ernährung – Risiken und Prävention – wissenschaftliche Grundlagen und Ernährungsempfehlungen.* s.l.: Georg Thieme Verlag, 2014. Bd. 1.
2. Marx, W, Ried, K und McCarthy, AL. *Ginger-Mechanism of action in chemotherapy-induced nausea and vomiting: A review.* Crit Rev Food Sci Nutr. 2. Jan 2017, Bd. 57, 1, S. 141–146.
3. Freitag-Ziegler, G, Kaufmann, G und Frühschütz, L, *Küchenkräuter und Gewürze.;* G Kaufmann. s.l.: AID-Infodienst, 2915. Bd. 6.
4. Mashhadi, NS, Ghiasvand, R und Askari, G. *Anti-Oxidative and Anti-Inflammatory Effects of Ginger in Health and Physical Activity: Review of Current Evidence.* Int J Prev Med. Apr 2013, 4 (Suppl 1), S. 36–42.
5. Hübner, J. *Komplementäre Onkologie – Supportive Maßnahmen und evidenzbasierte Empfehlungen.* s.l.: Schattauer, 2012. Bd. 2.
6. Grünwald, J und Jänicke, C. *Grüne Apotheke.* München: Gräfe und Unzer Verlag, 2004. Bd. 6.

S. 35: (ZUCHT-)FISCH

1. Oehlenschläger J, *Fisch: Ein natürlich funktionelles Lebensmittel - Vorteile des Fischverzehrs überwiegen Nachteile.* Ernährungs Umschau, 57, S. 246–251, 2010.
2. World Cancer Research Fund International/American Institute for Cancer Research. *Continuous Update Project Report: Diet, Nutrition, Physical Activity and Stomach Cancer.* [Online] 2016. wcrf.org/stomach-cancer-2016
3. Szymanski, KM, Wheeler, DC und Mucci, LA, *Fish consumption and prostate cancer risk: a review and meta-analysis.* Am J Clin Nutr., Bd. 92, 5, S. 1223–1233, Nov 2010
4. Song, J et al., Fish *consumption and lung cancer risk: systematic review and meta-analysis.* Nutr Cancer, 66, S. 539–49, 2014.
5. Lian, W et al., *Fish intake and the risk of brain tumor: a meta-analysis with systematic review.* Nutrition Journal. Jan 2017, Bd. 16, 1.
6. WWF Deutschland, *„Die Erhaltung der Meeresumwelt muss Ziel der Fischereipolitik werden"* Jan 2016. [Online]. Available: http://www.wwf.de/themen-projekte/meere-kuesten/fischerei/nachhaltige-fischerei/

S. 36/37: KURKUMA

1. Ammon, HP und Wahl MA, *Pharmacology of Curcuma longa.* Planta Med., 57(1): p. 1–7. 1991
2. Killian, PH et al., *Curcumin inhibits prostate cancer metastasis in vivo by targeting the inflammatory cytokines CXCL1 and -2.* Carcinogenesis, 33(12): p. 2507–19; 2012.
3. Bachmeier, BE et al., *The chemopreventive polyphenol Curcumin prevents hematogenous breast cancer metastases in immunodeficient mice.* Cell Physiol Biochem, 19(1–4): p. 137–152, 2007.
4. Gupta, SC, Patchva S und BB Aggarwal, *Therapeutic roles of curcumin: lessons learned from clinical trials.* AAPS J; 15(1): p. 195–218, 2013.
5. Kronski, E et al., *miR181b is induced by the chemopreventive polyphenol curcumin and inhibits breast cancer metastasis via down-regulation of the inflammatory cytokines CXCL1 and -2.* Mol Oncol, doi: 10.1016/j.molonc. 2014.01.005; 2014.
6. Bachmeier, BE et al., *Curcumin downregulates the inflammatory cytokines CXCL1 and -2 in breast cancer cells via NFkappaB.* Carcinogenesis, 29(4): p. 779–789, 2008.
7. Goel, A, Kunnumakkara AB und Aggarwal BB, *Curcumin as „Curecumin“: from kitchen to clinic.* Biochem Pharmacol, 75(4): p. 787–809, 2008.
8. Aggarwal BB, Kumar A und Bharti AC, *Anticancer potential of curcumin: preclinical and clinical studies.* Anticancer Res., 23(1A): p. 363–398, 2003.
9. Goel, A und Aggarwal BB, *Curcumin, the golden spice from Indian saffron, is a chemosensitizer and radiosensitizer for tumors and chemoprotector and radioprotector for normal organs.* Nutr Cancer. 62(7): p. 919–30, 2010.
10. Bachmeier, BE et al., *Reference profile correlation reveals estrogen-like trancriptional activity of Curcumin.* Cellular physiology and biochemistry: international journal of experimental cellular physiology, biochemistry, and pharmacology, 26(3): p. 471–82, 2010.

S. 38: ROTES UND VERARBEITETES FLEISCH

1. Group, International Agency for Research on Cancer (IARC), *Monograph Working. Carcinogenicity of consumption of red and processed meat.* Lancet Oncol. Dez 2015, Bd. 16, 16, S. 1599–600. Epub 2015 Oct 29.
2. World Cancer Research, Fund International/American Institute for Cancer Research. *Continuous Update Project Report: Diet, Nutrition, Physical Activity and Stomach Cancer.* [Online] 2016. wcrf.org/stomach-cancer-2016
3. Ströhle, A et al. *„Rotes Fleisch - Vom gehaltvollen Nährstofflieferant zum kanzerogenen Agens? – Fleischverzehr und Dickdarmkrebs“.* Ernährung im Fokus, S. 268–274, Sept 2015, https://www.bzfe.de/_data/files/eif_2015_09-10_rotes_fleisch_verzehr_krebs.pdf
4. Polasa, K et al., *Effect of Brassica nigra on benzo(a)pyrene mutagenicity. Food and Chemical Toxicology,* Bd. 32, S. 777–781, 1994.
5. BfR, *Ausgewählte Fragen und Antworten zum Grillen.* 5. Aug 2016 [Online]: http://www.bfr.bund.de/de/ausgewaehlte_fragen_und_antworten_zum_grillen-9484.html
6. Niedersächsisches Landesamt für Verbraucherschutz und Lebensmittelsicherheit (LAVES), *Wild.* Oldenburg: s.n., 2014.

S. 39: GEFLÜGELFLEISCH

1. Rimbach G, Möhring J und Erbersdobler HF, *Lebensmittel-Warenkunde für Einsteiger.* Springer, 2010.
2. WWF Deutschland, *„Geflügel“* Apr 2015 [Online]. http://www.wwf.de/themen-projekte/landwirtschaft/ernaehrung-konsum/fleisch/gefluegel/
3. Marangoni, F et al., *Role of poultry meat in a balanced diet aimed at maintaining health and wellbeing: an Italian consensus document.* Food Nutr Res. Jun 2015. eCollection 2015.
4. International Agency for Research on Cancer/World Health Organization. *Q&A on the carcinogenicity of the consumption of red meat and processed meat.* 26. Okt 2015. [Online] http://www.iarc.fr/en/media-centre/iarcnews/pdf/Monographs-Q&A_Vol114.pdf
5. BfR. *Ausgewählte Fragen und Antworten zum Grillen,* 5. Aug 2016 [Online] http://www.bfr.bund.de/de/ausgewaehlte_fragen_und_antworten_zum_grillen-9484.html
6. Stiftung Warentest, *Hühnerfleisch im Test: Riskante Keime entdeckt.* S. 28–32. Okt. 2013, [Online] https://www.test.de/Huehnerfleisch-im-Test-Riskante-Keime-entdeckt-4612889-0/

S. 40: BEERENOBST

1. Hickey M und King, C, *The Cambridge Illustrated Glossary of Botanical Terms,* 1st ed.; Cambridge University Press, 2001.
2. Kristo AS et al., *Protective Role of Dietary Berries in Cancer;* Antioxidants, 5, 37; 2016, doi:10.3390/antiox5040037
3. American Institute for Cancer Research (AICR), *Berries Seem to Burst with Cancer Protection,* 2013, [Online]: http://www.aicr.org/publications/newsletter/2013-spring-119/berries-seem-to-burst-with-cancer-prevention.html

S. 41: KNOBLAUCH

1. American Institute for Cancer Research. Foods that fight cancer – Garlic. [Online]: http://www.aicr.org/foods-that-fight-cancer/
2. World Cancer Research Fund/American Institute for Cancer Research. Continuous Update Project Report: Food, Nutrition, Physical Activity and the Prevention of Colorectal Cancer. 2016.
3. Nicastro HL, Ross SA und Milner JA. Review: Garlic and Onions: Their Cancer Prevention Properties. Cancer Prev Res; 8(3); 181. März 2015, Bd. 8, 3, S. 181–189.
4. Chiavarini M, Minelli L und Fabiani R. Garlic consumption and colorectal cancer risk in man: a systematic review and meta-analysis. Public Health Nutr. Feb 2016, Bd. 19, 2, S. 308–17.
5. Polasa K und et al., Effect of Brassica nigra on benzo(a) pyrene mutagenicity. 1994, Food and Chemical Toxicology, Bd. 32, S. 777–781.
6. Song K und Milner JA. Heating garlic inhibits its ability to suppress 7, 12-dimethylbenz(a)anthracene-induced DNA adduct formation in rat mammary tissue. J Nutr. März 1999, Bd. 192, 3, S. 657-61.

S. 42: DURCH ENTSPANNUNG IN DIE KRAFT DER SPANNUNG

1. Du S et al., *Patient education programs for cancer-related fatigue: A systematic review,* Patient Educ Couns.;98(11):1308–19. Nov 2015 doi: 10.1016/j.pec.2015.05.003. Epub 2015 Mai 23.
2. Sheikhi MA, *Alternative Methods to Treat Nausea and Vomiting from Cancer Chemotherapy, Chemother Res Pract. 2015: 818759. 2015; Published online 2015 Nov 8. doi:* 10.1155/2015/818759.
3. Weber S und Nüssler V, *Music Medicine in a Clinic for Patients with Cancer.* In: R. Rebollo Pratt (Ed.) Hospital Arts – A Sound Approach. St. Louis: MMB Music, Inc., 1997.
4. Weber S, Nüssler V, und Wilmanns W., *A Pilot Study on the Influence of Receptive Music listening on cancer pati-*

ents during chemotherapy. International Journal of Arts Medicine, 5 (2), 27–35. 1998.

5. Berto R, *The role of nature in coping with psycho-physiological stress: a literature review on restorativeness.* Behav Sci (Basel).; 4(4):394-409. doi: 10.3390/bs4040394, Okt 2014.
6. Thygesen LC et al., *Cancer incidence among Danish Seventh-day Adventists and Baptists.* Cancer Epidemiol. 36(6):513–8. Dez 2012; doi: 10.1016/j.canep.2012.08.001. Epub 2012 Aug 19.

S. 44/45: BEWEGUNG

1. Holick C N et al., *Physical activity and survival after diagnosis of invasive breast cancer.* Cancer Epidemiol Biomarkers Prev. 2008; 17(2): 379–86.
2. Meyerhardt J A et al., *Impact of physical activity on cancer recurrence and survival in patients with stage III colon cancer: findings from CALGB 89803.* J Clin Oncol. 2006; 24(22): 3535–41.
3. Pierce J P et al., *Greater survival after breast cancer in physically active women with high vegetable-fruit intake regardless of obesity.* J Clin Oncol. 2007; 25(17): 2345–51.

S. 46: (KREBS-)DIÄTEN

1. World Cancer Research Fund International. Cancer prevention and survival, *Continuous Update Project (CUP).* Jul 2016.
2. Arbeitsgemeinschaft Prävention und Integrative Onkologie (PRiO) der Deutschen Krebsgesellschaft. *Faktenblatt: Kohlenhydratarme Diät und ketogene Kost.* [Online] Mai 2015. http://www.prio-dkg.de/wp-content/uploads/Kohlenhydratarme_ketogene_Kost-2015.pdf

S. 47: FASTEN BEI EINER TUMORERKRANKUNG – IST DAS SINNVOLL?

1. Ärztegesellschaft Heilfasten und Ernährung e. V., *Leitlinien zur Fastentherapie,* Forsch Komplementärmed Klass Naturheilkd 2002; 9:189–198.
2. Buchinger O, *Das Heilfasten und seine Hilfsmethoden als biologischer Weg.* 1. Aufl., Stuttgart, Hippokrates, 1935.
3. Mayr FX, *Fundamente zur Diagnostik der Verdauungskrankheiten.* Bietigheim, Turm, 1921.
4. Varady KA et al., *Alternate day fasting for weight loss in normal weight and overweight subjects: a randomized controlled trial.* Nutr J. 2013.
5. Wei M et al, *Fasting-mimicking diet and markers/risk factors for aging, diabetes, cancer, and cardiovascular disease.* Sci Transl Med. 2017 Feb 15;9(377). pii: eaai8700. doi: 10.1126/scitranslmed.aai8700
6. Lee C et al., *Fasting cycles retard growth of tumors and sensitize a range of cancer cell types to chemotherapy.* Sci Transl Med. 2012 März 7;4(124):124ra27. doi: 10.1126/scitranslmed.3003293. Epub 8. Feb 2012
7. Di Biase S et al., *Fasting regulates EGR1 and protects from glucose- and dexamethasone-dependent sensitization to chemotherapy.* PLoS Biol. 2017 März 30;15(3): e2001951. doi: 10.1371/journal.pbio.2001951. eCollection März 2017.
8. de Groot S et al., *The effects of short-term fasting on tolerance to (neo) adjuvant chemotherapy in HER2-negative breast cancer patients: a randomized pilot study.* BMC Cancer. 5. Okt 2015;15:652. doi: 10.1186/s12885-015-1663-5.
9. Fernando M S et al., *Fasting and cancer treatment in humans: A case series report.* Aging (Albany NY). 2009 Dez; 1(12): 988–1007.
10. Hochschulambulanz für Naturheilkunde der Charité-Universitätsmedizin Berlin am Immanuel Krankenhaus Berlin, *Ernährungstherapie und Fasten begleitend zur Chemotherapie bei Prostatakarzinom* (Studie) [Online]: http://naturheilkunde.immanuel.de/forschung/aktuelle-studien/ernaehrungstherapie-und-fasten-begleitend-zur-chemotherapie-bei-prostatakarzinom/

BERATUNGSSTELLEN

BERATUNGSSTELLE FÜR ERNÄHRUNG UND KREBS AM TUMORZENTRUM MÜNCHEN

TUMORZENTRUM MÜNCHEN | TZM

in Kooperation mit der Bayerischen Krebsgesellschaft e.V.
Pettenkoferstr. 8a, 3. Etage, Zimmer 3.06, 80336 München
Tel.: 089 / 44 00 - 533 44, Fax: 089 / 44 00 - 574 32

Email: ernaehrung-tzm@med.uni-muenchen.de
Homepage: http://www.tumorzentrum-muenchen.de/ernaehrung.html

DER ERNÄHRUNGSBLOG DES TUMORZENTRUMS –
für Alle, die sich tiefer über die neuesten wissenschaftlichen Erkenntnisse zum Thema „Ernährung und Krebs" informieren wollen. Inklusive vieler Rezepte für eine gesunde, krankheitsgerechte Küche, von Sternenköchen exklusiv für das Tumorzentrum kreiert.

http://news.tumorzentrum-muenchen.de/

GESUND, KREATIV UND KULINARISCH –
laden Sie sich die kostenfreie Rezept-App HealthFood mit anschaulichen Bildern und animierenden Videos herunter. Geschmacksvolle Rezepte deutscher Spitzenköche – ganz unter dem Motto „Sterne kochen für die Gesundheit".

Erhältlich im App Store oder bei Google Play

App Store   Google Play

BILDNACHWEIS

UMSCHLAG

Vorderseite: Oliver Bodmer; Klappe vorne: Oliver Bodmer; Illustrationen Klappen innen: nafanya241; Rückseite: Peter Fischer, FP Food Promotion (links); Felix Pitscheneder und Raphaela Habermann, Seitwerk GmbH (mittig, rechts)

INNENTEIL

Felix Pitscheneder und Raphaela Habermann, Seitwerk GmbH: 50–64; 70; 72; 76; 82; 88; 92; 95; 105; 106; 116; 122-126; 128-144; 148; 150; 151; 153; 156-158; 160-161

Peter Fischer, FP Food Promotion: 68; 74; 75; 78; 80; 85; 86; 90; 94; 98-104; 108; 110; 112; 114; 118; 127; 149; 152; 154; 155; 159

Shutterstock: nafanya241: 10, 48, 66; 96; 119; 145; Designua: 13; Anna_Pustynnikova: 14; goodluz: 16; HandmadePictures: 18 links; successo images: 18 rechts; baibaz: 19; Roman Stetsyk: 20; Arkadiusz Fajer: 21; Africa Studio: 22 oben; Elizaveta Galitckaia: 22 unten; Svetlana Lukienko: 25; Tibor Limp: 29; Billion Photos: 30; barmalini: 31; sanddebeautheil: 32; EKramar: 34; JIB Liverpool: 36; frankie's: 42 oben; Fersurfer: 42 unten; kudla: 43; Ruud Morijn Photographer: 44; Gayvoronskaya_Yana: 46 links; Avdeyukphoto: 46 rechts

IMPRESSUM

Satz: Publikations Atelier, Weiterstadt
Umschlaggestaltung: Buchgut, Berlin
Texte: Prof. Dr. Volkmar Nüssler, Nina Marie Weber, Wolfgang Doerfler, Prof. Dr. Schönberg
Rezepte: Eckart Witzigmann, Hans Haas, Herbert Hintner, Tohru Nakamura, Martin Fauster, Anna Matscher
Druck und Bindung: Friedrich Pustet GmbH & Co. KG, Regensburg
Printed in Germany

Mehr über unsere Autoren und Bücher:
www.westendverlag.de

Alle Angaben dieses Werkes wurden von den Autoren sorgfältig recherchiert und auf den neuesten Stand gebracht sowie vom Verlag geprüft. Für die Richtigkeit der Angaben kann jedoch keine Haftung übernommen werden.

Die Deutsche Nationalbibliothek verzeichnet diese Publikation in der Deutschen Nationalbibliografie; detaillierte bibliografische Daten sind im Internet über http://dnb.d-nb.de abrufbar.

© Westend Verlag GmbH, Frankfurt/Main 2024

ISBN 978-3-86489-922-5

MIX
Papier | Fördert gute Waldnutzung
FSC® C014889

*Hinweis zu den Nährwerten:
kcal = Kilokalorien
E = Eiweiß
F = Fette
B = Ballaststoffe

Das Werk einschließlich aller seiner Teile ist urheberrechtlich geschützt. Jede Verwertung ist ohne Zustimmung des Verlags unzulässig. Das gilt insbesondere für Vervielfältigungen, Übersetzungen, Mikroverfilmungen und die Einspeicherung und Verarbeitung in elektronischen Systemen

© Maresa Mader

Professor Dr. Volkmar Nüssler ist in Dresden geboren und aufgewachsen. Sein Medizinstudium hat er in seinem Geburtsort begonnen und in München abgeschlossen. Er ist Arzt für Krebserkrankungen und war von 1998 bis 2022 geschäftsführender Koordinator des Tumorzentrums München (TZM). In dieser Funktion initiierte er bereits 2010 die Gründung einer kostenfreien psychoonkologischen/psychosozialen Beratungsstelle, darauffolgend einer Ernährungsberatungsstelle und einer Beratung für Komplementärmedizin.